沃顿财务课

读懂数字
背后的增长点

[美] 理查德·兰伯特 著

（Richard A. Lambert）

谢天 译

Financial Literacy
for Managers

Finance and Accounting for
Better Decision-Making

中国科学技术出版社

·北 京·

北京市版权局著作权合同登记　图字：01-2022- 5720。

图书在版编目（CIP）数据

沃顿财务课：读懂数字背后的增长点 /（美）理查
德·兰伯特（Richard A.Lambert）著；谢天译 . —北
京：中国科学技术出版社，2024.2
　书名原文：Financial Literacy for Managers:
Finance and Accounting for Better Decision–Making
　ISBN 978–7–5236–0295–9

　Ⅰ . ①沃… Ⅱ . ①理… ②谢… Ⅲ . ①财务管理
Ⅳ . ① F275

中国国家版本馆 CIP 数据核字（2023）第 223508 号

策划编辑	申永刚	**执行策划**	赵　嵘
责任编辑	高雪静	**版式设计**	蚂蚁设计
封面设计	仙境设计	**责任印制**	李晓霖
责任校对	张晓莉		

出　　版	中国科学技术出版社
发　　行	中国科学技术出版社有限公司发行部
地　　址	北京市海淀区中关村南大街 16 号
邮　　编	100081
发行电话	010–62173865
传　　真	010–62173081
网　　址	http://www.cspbooks.com.cn

开　　本	880mm × 1230mm　1/32
字　　数	95 千字
印　　张	5.625
版　　次	2024 年 2 月第 1 版
印　　次	2024 年 2 月第 1 次印刷
印　　刷	大厂回族自治县彩虹印刷有限公司
书　　号	ISBN 978–7–5236–0295–9/F・1192
定　　价	59.80 元

目录

绪论……………………………………………………………001

第一章 企业财务状况：财务报表反映了什么 …………009

第二章 交易和事项对财务报表的影响 ……………………033

第三章 利润表：收入、费用和利润 ………………………057

第四章 资产的使用和融资：资产回报率、净资产收益率与
        杠杆 …………………………………………………085

第五章 如何解读成本信息 …………………………………115

第六章 评估投资机会：贴现现金流量分析 ………………135

结语……………………………………………………………167

致谢……………………………………………………………171

附录……………………………………………………………173

绪论

在罗杰·恩里科（Roger Enrico）接任百事公司首席执行官一职后，他在 1996 年的年度报告中向股东汇报的消息喜忧参半。一方面，百事公司的整体销售额（320 亿美元）和现金流都达到了前所未有的水平；另一方面，公司的利润没有显著增长，而且并非所有部门都运转良好。事实上，公司的核心业务——饮料业务在美国以外的市场表现惨淡，市场份额被其主要竞争对手可口可乐公司抢占。在之前的 5 年间，百事公司在餐饮领域投资了数十亿美元（包括必胜客、肯德基和塔克钟），但投资的回报情况令人失望。

百事公司对自己的财务状况进行了全面分析，随后开始对公司战略做出重大调整。它将餐饮业务剥离出来，形成了一个单独的企业——百盛全球餐饮集团（Tricon Global Restaurants，现称为 Yum! Brands），从而专心经营零食和饮料业务。但百事公司的变革不止于此，评估和修改战略是一个持续的过程。不久后，百事公司收购了"纯果乐"

（Tropicana）和"桂格燕麦片"（Quaker Oats，旗下拥有"佳得乐"）两个品牌。另外，百事公司还不断调整部门和产品线，2010 年，公司重新获得了两家大型灌装厂的控制权。经过一系列战略调整，百事公司的年收入在 2010 年已飙升至近 600 亿美元。1997 年到 2010 年，百事公司的收益率和股票价格都远远超过了标普 500 指数[①]。

　　这些都是公司层面的重大变革，但同样的方法也适用于组织的各个层面。管理者必须时常评估公司战略，了解决策的执行效果，根据形势的变化修改战略，同时制定新的战略来提升未来业绩。我们应该在哪些活动上投入更多资源，同时在哪些方面削减成本？哪些资源的利用效率不高？某项活动应该外包还是继续自行开展？诸如此类的商业决策都需要依据信息来做出，而财务报表是这些信息的重要来源。

　　但是因为很多管理者都没有会计或财务背景，所以他们缺乏必要的工具来解答这些问题。他们读不懂做决策需要参考的报告，要么完全忽略了相关信息，错误地解读了数字的

---

① 标普为标准普尔的简称，是世界权威的金融分析机构。标普 500 指数的英文简写为 S&P 500 Index，是记录美国 500 家上市公司的一个股票指数。——译者注

含义，要么根本意识不到这些数字中遗漏了哪些内容。这些行为对于公司的财务健康是非常有害的，就像在操纵一架缺少仪表、前挡风玻璃蒙上了雾气的飞机一样。本书的目的不是指导读者如何编写财务报表，这是财会人员、注册会计师和首席财务官的任务，他们了解所有相关的准则和规定。相反，我的目标是教会你使用和解读这些人提供给你的数据。无论你是何种规模的上市公司或私营企业的中层人员、高管人员或老板，掌握财务报表都会有助于你做出更好的决策，为公司创造更大价值。

尽管财务报表上写满了数字，但从多个角度来看，会计更像是一种语言。会计准则提供了一种机制，将业务往来和经济活动翻译为数字。这些数字背后的词语表达了什么意思？与其他所有行业一样，财会行业有自己的术语，理解和沟通的一个重要前提是学习它的词语或语言。例如，收入与现金是不同的概念；资产折旧并不意味着它的经济价值下降；负债可以是好的；现金太多也可能有害。通用会计准则（GAAP）、净现值（NPV）、资产回报率（ROA）、税息折旧及摊销前利润（EBITDA）、加权平均资本成本（WACC）、杠杆……这些术语是什么意思？

很多人惊讶地发现，财务报表在很大程度上具有模糊性和主观性。正如专家们对《哈姆雷特》（*Hamlet*）中同一段独白有不同的解读一样，企业管理者和会计对财务状况也有不同的理解，可以自行决定最适合本企业的业绩或财务状况衡量方法。存在这种主观性的原因在于，财务报表是在业务进行的过程中编制的。如果我们等到公司的某一段生命周期结束、得到明确的利润总额时再编写财务报表，就可以消除这种模糊性，但这些信息已经失去了时效性，无法在公司经营的过程中帮助管理者做出必要的决策。

为了提供更加及时有效的信息，财务报表不能仅仅向后看，告诉你过去发生了什么；资产负债表或利润表上的几乎每个数字都在一定程度上预示未来发生的情况。可惜的是，未来的现金流和活动永远无法准确预知，这为心术不正的管理者提供了操纵空间。但即使是善意的管理者也会经常对公司的未来过于乐观。为了克服这些潜在的问题，会计准则对于哪些未来信息可以体现在财务报表上进行了限制。审计人员和其他制约手段的存在是为了约束管理者篡改公司业绩的行为，但这些方法也不是完美的，因为它们也无法通过水晶球预知未来。在本书中，你将读到这种主观判断是如何影响财务报表数字的，以及哪些未来因素会反映在财务报表中，哪些不会。读完本书，你将学会解读财务报表，在字里行间读出更深层次的东西。

了解财会知识后，你还会发现，公司向外人（例如股东或税务机关）提供的数字与其在经营中依据的数字不一样——这绝不是欺骗行为，也不是错误的记录。至少，你能想得到比年报和税务申报表更加详细的关于具体部门的业绩信息。另外，你还需要一些数据来预测不同的决策对成本和收入有什么影响。外部报告系统往往只根据类型来分类（例如，生产成本与营销成本是两个不同的科目），但是你可能需要通过获得每个类型内部的具体信息来了解成本特点：哪些是固定成本或可变成本，哪些是沉没成本或约束性成本，哪些是直接成本或摊销成本，等等。

最后，提供给股东或债权人等外人的财务报告是根据准则制定机构提出的规则编制的。企业要以某种方式整理财务数字来满足这些外部监管要求，而很多企业在此时会选择将内部决策所依据的财务报告原样提交（这样比另外编制一份财务报告的成本要低）。要小心！监管规则往往要求报告保持简洁、保守，或者为了实现其他目的——并不要求报告能尽量准确地解释公司的业绩或财务状况。我会在本书中探讨其中存在的一些问题，以及它们对公司业绩评定造成的危害。

管理者必须掌握财会技能的另一个重要原因是让自己能够参与到关于公司战略的对话中，并更加有效地主张自己的观点。最终，这些决策在很大程度上取决于他们如何处理"数字"。很多投资都建议在一些未来将（有希望）产生收益的东西上投入资金。因此，投资决策基于对未来的预测，以及这些预测如何以未来现金流和利润的形式表现出来。

你有必要了解财会技能的范围和局限。财会技能无法告诉你，投资研发的药品能否获得食品药品监督管理局审批，消费者是否会喜欢你打算推出的新产品（例如"新可乐"），将拥有完全不同文化的两家公司（例如美国在线和时代华纳）合并在一起是否行得通。对于想要做出主观判断的管理者来说，经验和直觉也是非常宝贵的。

财会技能可以告诉你的是，要想获得投资回报，成功率和收益率应该有多高。一般来说，财会提供了一个经济框架，使用者可以从创造多少价值的角度对比不同的投资战略。它们可以帮助你计算企业可接受的收益率是多少；了解收益率与战略风险的关系；与周期较短的战略相比，收益周期较长的战略应该多创造多少收益。

此外，财会框架要求你将关于未来的预测反映到利润表、资产负债表和现金流量表中，从而确保这一流程更加规范。管理者的预测更多地是由自我价值或个人期望（而非现实情况）驱动的。财会技能可以帮助你评估这些预测背后的合理性，以及预测结果对假设变化的敏感度。你需要根据预测结果来编写与内部一致的利润表、资产负债表和现金流量表，从而降低在分析中完全遗漏某些重要内容的风险。

在本书中，我将介绍：

● 资产负债表、利润表和现金流量表的作用。

● 这几张财务报表之间的相互关系。

● 有关财务报表的一些概念，例如收入确认、存货成本计算、折旧和税务。

● 如何分析利润表和资产负债表，从而找出赢利的驱动因素。

● 资本结构——构成资产的债务和所有者权益——如何影响利润和风险。

● 如何确认并估算决策的相关成本。

● 如何评估投资战略并开展现金流贴现分析。

● 如何将所有信息进行汇总，制定全面的业务战略。

财务影响着业务的方方面面。高管人员和中层人员一旦掌握了财务报表基础以及财务分析工具，就能找出收入的驱动因素，精准发现组织中表现突出的地方以及业绩未达到预期的原因。对于管理者来说，提升财务水平就更能清楚地知道应该问哪些问题、关注哪些方面，明确什么是最重要的，了解需要避免的问题和需要重点关注的要素。企业领导如果更好地了解了业绩的驱动因素，就能做出更有效的战略决策，开展业务变革，并更准确地判断是否需要收购或出售某项业务。将管理经验与财会知识结合起来产生的协同效应将给你和组织带来最大价值。因此，提升财务水平有助于创造商业效益。

第一章

企业财务状况：
财务报表反映了什么

本章要点

1. 三张基本财务报表

2. 三张财务报表之间的关联

2000 年，卡卡圈坊（Krispy Kreme Doughnut）上市，其甜甜圈和股票都受到了追捧。美国人喜爱甜食众所周知，并且据投资者估计，消费者会像热爱巨无霸汉堡一样热爱这些含糖的食物。到了 2003 年夏季，该公司股票的价格飙升至 50 美元，是发行价的两倍多。截至当年年底，卡卡圈坊已有 357 家门店，其中有一些还开到了海外。公司收入从 2000 年的 3 亿美元增长到 2003 年的 6.49 亿美元。但是到了 2004 年夏季，低碳水食物突然流行起来，甜甜圈成为饮食禁忌。美国人的口味发生了变化，使得卡卡圈坊的甜甜圈和股票均遭到了冷落。

卡卡圈坊激进扩张的资金一部分来自大量举债：2000 年年底，公司长期债务为 350 万美元，2002 年飙升至 5 600 万美元，2003 年涨到了 1.37 亿美元。相应地，利息费用也急剧增长。同时，公司利润随着收入的下降而锐减。到了 2005 年，其股价已跌至 6 美元，公司开始关闭一些门店。与 2003 年高峰时期的 6.49 亿美元的年收入相比，2010 年公司收入只有 3.62 亿美元。但是在 2011 年，公司股价有小幅回升。

要了解卡卡圈坊在成长过程中遇到的机遇和风险，我们首先要学会解读它的利润表、现金流量表和资产负债表。本章中，我们将探讨每张财务报表的重要性，并重点研究以下几个主题：

- 资产负债表：反映企业在某个时点的资源（资产）状况，并提供有关公司资本结构及其风险的信息。
- 利润表：体现企业的收入、费用和利润。
- 现金流量表：反映企业的流动性以及企业命脉——现金的来源和使用情况。
- 利润表和现金流量表的不同之处。

三张基本财务报表

财务报表（包括资产负债表、利润表和现金流量表）是向企业管理者、投资者、债权人和其他需求方定期提供信息的重要手段。每张报表提供不同类型的信息，它们各有不同的作用，但了解三张报表之间的关联对于评估一家企业的优劣至关重要。它们共同描绘了较为完整的企业当前财务状况，并在一定程度上反映了企业未来的发展图景。本章将介绍每张财务报表的作用以及三者间的关联。第二章提供了财务报表的示例。

这三张财务报表之间有何不同？资产负债表列出了企业获得并仍然持有的资源（资产），以及这些资产的权利归属（负债和所有者权益）。资产负债表是时点数据，它反映了企业在某一具体的时间点（例如季度末或年末）的财务状况。利润表体现了企业在一段时间内的赢利情况。现金流量表记录了一段时间内现金的流入和流出情况。后两张报表体现了企业财务状况自上个期末以来的变化及原因，但是赢利能力（创造的价值）和流动性（产生的现金）并非同一个概念，因此我们需要不同的报表来体现它们。

资产负债表

"资产负债表"这个概念来自财务报表必须遵循的一个等式：

资产 = 负债 + 所有者权益

该等式的原理很简单，即公司的资产或资源一定是有归属的：要么属于外人（债权人），要么属于公司的所有者。

以个人财务为例，假如你有一栋房子，价值 50 万美元，其中包含 30 万美元贷款，那么你在房子上享有的所有者权益为两者之差，即 20 万美元。这个概念看起来似乎很简单，但它其实对于学会解读财务报表以及了解资产负债表和利润表之间的关系有重要的意义。等式的两边永远相等，这确保了会计核算的精确性。但是平衡的等式并不意味着没有错误，也不代表各个要素的计算都是准确的。如果我们将房价错误地估计为 70 万美元，那么所有者权益就相应错误地计算为 40 万美元。等式仍然成立，但与现实相比，它所描绘的经济状况是扭曲的。

资产

企业的资产负债表首先从资产开始。资产是维持企业经营的关键，它代表企业所拥有并用来创造利润或提供其他未来的经济利益（例如偿债能力）的资源。资产包含以下几种类型：

- 金融资产：现金、应收票据和应收账款、有价证券、衍生工具
- 实物资产：存货、厂房和设备、房地产

● 无形资产：商标和著作权、其他合同权利、商誉

在资产负债表中，资产分为两类：流动资产和非流动资产。流动资产是在一年内会变现或耗用的资产，包括现金、应收账款、存货和多种有价证券。非流动资产的期限会超过一年，包括厂房和设备、长期投资和大多数无形资产。

所有资产、负债和所有者权益科目都以货币计量。如何赋予它们价值？会计人员通常会使用历史成本法为大多数资产进行计价。历史成本是指在取得资产时支付的金额。这种方法的好处在于得到的数字较为客观，且可以可靠地计量。但可惜的是，历史成本法有时间上的局限性，将使它逐渐失去参考价值。

为了克服这个问题，资产估值的另一种方法——"公允价值"法应运而生。你是否听说过"市值计价"（mark to market）这一说法？这就是公允价值的含义：估算资产的当前市场价值。但是这种方法很难进行精准计量，从而引发了关于价值可靠性的一些问题。公允价值的好处在于它更加与时俱进，所以对于决策来说有更高的参考价值。关于哪种估值方法具有更好的"相关性与可靠性"之争已经持续了数十年，未来还会继续存在。对于新购入的资产来说，它的历史

成本和公允价值基本上是相等的，但随着时间的推移，两者将逐渐背离。

对于金融资产来说，获得可靠的估值相对容易，因为它们大多都有活跃的交易市场（例如股票市场和债券市场）。因此，金融资产（和越来越多的金融负债）能够以公允价值被填列在资产负债表上。但是对于多数实物资产（尤其是厂房和设备）以及无形资产来说，资产本身较为特殊，且市场不活跃，因此没有可以参考的市场价值。会计人员会使用历史成本来计量这些资产（有时会通过下调来反映折旧）。

如果估值不准确，那么财务报表的使用者会依据它做出不合理的资产处理决定。尽管高估和低估都会产生相应的后果，但从会计（和法律）的角度来看，高估的后果更为严重。具体来说，如果一项资产价值 80 美元，而我们告诉你它值 100 美元，这个问题比我们告诉你实际价值 100 美元的资产只值 80 美元更加严重。财务报告遵循谨慎性原则，因为"惊吓"远远不如"惊喜"。所以，很多非金融资产体现在财务报表上的价值是历史成本和当前的市场价值中较低的那个。这种"成本与市价孰低法"会考虑资产减值，但不考虑资产增值。

对于会计人员来说，资产估值必须有一定程度的精确性。面对这样的要求，很多具有重要经济价值但难以计价的资产都被排除在外。品牌名称就是一个典型的例子。可口可乐是全球最有价值的品牌之一，它的名称当然也是该公司的一项宝贵资产，但它不会出现在资产负债表上。另外补充一点，初学者可能理解起来有点困难，即如果品牌名称是通过企业并购获得的，那么它就可以记录在财务报表上。因为在这种情况下，存在一个客观明确的交易价格，它是为品牌名称计价的重要依据。如果品牌和其他内部开发的无形资产缺乏客观的计价，那么就不会被计入资产负债表。

出于以上原因，你在阅读资产负债表上的资产价值时一定要谨慎。举个例子，如果你简单地将各项资产的数字相加，那么你可能会将 20 年前购买大楼时支付的银行存款与公司持有的有价证券的当前市值进行相加。我们无法判断这样的结果有何经济意义，它显然无法反映公司资产的现有价值。如果你要根据资产总值来计算某项业绩指标，例如资产收益率，那么你要清楚，由于计价的问题，这个指标是不准确的。知道财务报表中包含和未包含哪些项目以及每一项资产的计价方法，是有效分析财务报表的重要前提。

负债

负债是由于过去的交易或事项所引起的公司未来向外转移资产或提供劳务的义务。它是债权人对于公司资产的权利主张。负债包括以下几种类型：

- **转移资产的义务**：应付票据、应付账款、应交税费、应付债券。

- **提供劳务的义务**：预收租金、版税、担保负债。

与资产一样，负债也分为一年内到期的流动负债和超过一年的非流动负债。短期负债往往根据偿付价格或提供劳务的预计成本来计算。但是如果义务履行的期限较长（超过一年），就会用到未来支付的资金的现值来计算。我们将在第六章介绍如何计算现值。

有一些负债（例如应付账款）比较容易计算，因为它包含具体的偿付金额和期限。其他负债（例如担保）则需要更多的主观判断来确定履行义务的成本总量。养老金义务和退休人员的医疗福利尤其难以计算，因为它们所依据的因素具有高度不确定性，例如员工周转率和道德水平，以及未来的利率、工资上涨情况或者医疗费的通胀趋势。与资产一样，企业也会有一些无法体现在资产负债表上的负债。事实上，很多企业都会投入大量资源，进行所谓的"表外融资"（off-balance-sheet financing）。这样做的目的是使得企业从报表上来看比实际情况更加健康。

所有者权益

所有者权益是资产减掉负债之后剩余的部分。它有时也被称为公司的"净资产"或"净值"。它包含以下几项：

- 实收资本：企业通过发售股票获得的资金，有时称为普通股或资本公积。
- 留存收益：重新投资回公司的利润（属于所有者的部分）。

实收资本是根据股票发行或回购时的市场价值来计算的。留存收益等于当期收入减去当期支付的股利加上期初留存收益余额。注意，资产负债表上的所有者权益与公司股票市值不同。这是由于一些资产没有体现在报表中或者没有根据市场价值进行计量。负债也同样如此。因此，资产和负债之差不代表所有者权益的市场价值。

如何使用资产负债表

通过资产负债表，我们可以批判性地解读企业所拥有的资源。它们是否足够支持企业达到期望中的经营水平？如果不是，那么企业就需要获得新的大规模投资。企业是否有足够的资金来进行投资？如果没有，从哪里获得？从另一方面看，企业是否资产过剩，是否需要进行缩减，或者更高效地加以利用？

另外，你还可以关注资产的构成，而不仅仅是它的总规模。最好的办法是编制"共同比资产负债表"（common-size balance sheet），将表中的每一项除以总资产。这样，我们可以得到现金、应收账款等项目占总资产的比例。调整后的资产为 1.0（或 100%）。如果应收账款高得异常，这是否表明从客户那里收回资金出现了问题？如果存货较多，是否表明产品难以卖出，或者我们是否在为将来销售量的增长做准备？如果一家公司进行了大量并购，那么它的商誉可能会很高。我们是否期待从这项资产中获得未来收益？或者它仅仅反映了我们在收购其他公司时支付了过多的溢价？

在一张共同比资产负债表中，另一边的总数也是 1.0（因

为资产 = 负债 + 所有者权益）。在此基础上，我们可以一目了然地看懂资产的构成。所有者权益和债务分别占资产多大比例？这是评估公司风险的重要指标，我们将在第四章介绍。我们还可以看到，短期和长期债务占总债务的比例是多少。这可以帮助我们制定相应的现金管理策略。我们是否有足够的流动资产来偿还流动负债（还有一定的安全边际）？如果没有，我们需要制订应急计划，以防资金短缺。

表 1-1 展示了卡卡圈坊在首次公开募股后的几年间的资产增长情况，以及资金构成的变化情况。

表 1-1　卡卡圈坊上市后的资产、负债和所有者权益

单位：千美元

	2000年	2001年	2002年	2003年	2004年	……	2010年
长期债务	3 505	4 643	55 564	137 114	90 950	……	32 874
总债务	52 663	76 131	148 180	220 194	239 335	……	93 498
所有者权益总额	122 387	182 210	265 439	436 409	240 943	……	76 428
总资产	175 050	258 341	413 619	656 603	480 278	……	169 926

我们可以看到，在2000年到2003年，卡卡圈坊的资产大幅增长，当时正值公司大规模扩张门店的阶段。长期债务占总资产的比例越来越高，2003年达到近21%的峰值。2004

年，资产开始下降，这时卡卡圈坊开始关闭很多地方的门店。在最右一列，我们看到卡卡圈坊的规模与21世纪最初几年的巅峰时期相比已经大幅缩水，其资产的很大一部分仍然是负债和长期债务。

利润表

利润表也称为损益表，是最受关注的一张财务报表，它记录了所有者最关心的一件事：利润。它来自收入（销售产品和提供劳务得到的资金流入）减去费用（生产产品和使用劳务产生的资金流出）。

卡卡圈坊在首次公开募股后的收入和净利润如表 1-2 所示：

表 1-2　卡卡圈坊上市后的收入和净利润

单位：千美元

	2000年	2001年	2002年	2003年	2004年	……	2010年
收入	300 729	394 241	490 728	649 345	707 766	……	361 955
净利润	13 782	24 213	31 058	48 563	(198 339)	……	7 599

在表 1-2 中，我们看到从 2000 年到 2003 年，收入增长了一倍多，利润几乎增至原来的 4 倍。到了 2004 年，由于门店迅速扩张，收入继续增长，但门店不再赢利，导致公司的

损失（以括号标记的为负数）超过了上市以来的利润总和。最右一列与前表的资产数据相对应，体现出卡卡圈坊的收入回到了刚上市时的水平，自 2003 年以来，公司在 2010 年首次赢利。

理想情况下，利润表应该体现出公司在一段时期内为股东创造的经济价值的增长情况。它与同时期现金的增加或减少是两个完全不同的概念。很多增值活动无法在同一时期增加现金流量。举个例子，我们可以通过签订销售合同来为公司创造经济价值，但款项可能在签订合同之后很长一段时间才能收到。实际上，无数种未来现金流的组合能够产生出完全相同的经济价值。会计收益关注的是更广泛的财务业绩的概念，而不仅仅是一段时期内能够增加现金的活动。

同样，公司为存货或购买设备等资源投入现金也会在将来的多个期间创造效益。会计操作会将取得这种资源的成本在它能够创造收益的整个期间内进行分摊。该操作很多时候是在"调整"现金流：过去的一部分现金流量，以及未来的预期现金流量都将体现在本期利润中。

与资产负债表一样，利润表也不是完美的。在计算收入的过程中存在很多主观判断，一部分原因在于我们无法准确地预测未来。并非所有未来事项都能记录到当期收入中（尤其是非常不确定的事项），而且收入的构成会根据其可持续性产生显著差异。通过牺牲长期收益来提升短期财务收益的办法有很多。

尽管净利润是利润表上的"底线"，但仅仅关注这一个数字也是很危险的，因为它无法体现出收入是如何取得的。我们可以通过净利润上方的科目来获得大量信息，包括收入类型、费用结构、非经常性损益等。分析人员和其他人会花费大量时间去研究利润表，梳理其中的内容，从而更好地预测公司未来的赢利能力和估算公司价值。这一点很重要，我们将在第三章中专门分析利润表。

现金流量表

现金流量表相当于银行流水单，记录了现金的流入（收入）和流出（支出）情况。它一般是财务报表中最为客观的一张，只关注影响当期现金的交易和事项，不考虑其他因素。交易或事项有没有影响到现金的流入和流出，这是客观事实，无可辩驳。我们在前一部分中强调过利润的重要性，但现金流量（或者流动性）也相当重要。把现金掏空显然不是一件好事！

现金流量表的一个主要功能是将现金的流入和流出分为三类：

- 经营活动：客户回款，向供应商、员工以及其他劳务提供方支付的现金（含息税）。

- 投资活动：获得长期生产性资产和金融资产支付的现金，处置这些资产收回的现金。

- 融资活动：发行债务或权益性证券获得的现金，偿还到期债务、回购股票或支付股息所付出的现金。

我们为什么要了解资金的来源和使用情况呢？因为通过经营活动而非卖掉厂房所获得的现金，对于未来的赢利能力有着重大意义！为了实现长期发展，公司必须不断为未来投资。现金流量表中的投资活动可以让你看到公司付出了多少投资，或者是否通过出售长期资产缩小了公司规模。该报表还提供了有关投资类型的信息，将收购其他公司支付的金额与投资于房地产、厂房和设备的金额分别列示。但是要记住，只有现金投资才记录在这张报表上。如果你通过发行股票来收购其他公司，或者通过长期租赁的方式获得了资产的使用权，这些都不会反映在现金流量表上。对于高科技公司来说，其最重要的投资很可能是研发，但会计准则不会将它归为投资活动（而是归为经营活动）。同样，在某些行业，做广告也被视为一项投资，但会计准则同样将它归为经营活动。

现金流量表还反映了公司用于投资的钱来自哪里。对于年轻企业或者实行高增长战略的公司来说，经营活动无法为其提供足够的投资资金。实际上，大多数初创企业通过经营活动产生的现金流量都是负的。这些企业不得不通过外部融资来获得投资资金。现金流量表上的融资活动的现金流量也分为不同的种类：短期债务、长期债务或新发行的股票。

较为成熟的企业往往拥有正的经营活动现金流量，还可以用其中一部分进行投资。我们来看看卡卡圈坊的现金流量表（该公司虽然在 2000 年首次上市，但在此之前已经经营了数十年）。

正数代表现金的流入，以括号标记的负数代表流出。真正的现金流量表更加详细，但我们可以从表 1-3 的数据统计中看到，卡卡圈坊每年都能得到正的经营活动现金流量。然而，与扩大规模所需的巨大投资相比，这些现金流量显然是不够的。为了弥补这个差距，公司需要通过外部融资来实施增长战略。注意，在 2002 年，特别是 2003 年，公司的投资额大幅增长。到了 2004 年，随着业务下滑，新的投资大幅收紧，公司也没有获得新的融资。相反，卡卡圈坊的融资活动的现金流量转而为负，公司偿还了过去获得的一部分融资。2010 年出现了类似的趋势：经营活动产生的现金足够支持新的投资，剩余部分还能用于偿还过去的借款。

表 1-3　卡卡圈坊上市后的现金流量表数据统计

单位：千美元

	2000年	2001年	2002年	2003年	2004年	……	2010年
经营活动	32 112	36 210	51 905	82 665	84 921	……	20 508
投资活动	(67 288)	(52 263)	(91 640)	(169 949)	(47 607)	……	(8 572)
融资活动	39 019	30 931	50 034	76 110	(34 214)	……	(10 181)

后面的情形符合老牌成功企业的特征。它从经营活动中得到的现金不仅能够支持（大部分）企业投资，还有足够的钱来偿还早期融资。融资活动的现金流量可以体现出偿还了多少贷款，支付了多少股息以及回购了多少股份。

然而，即使是经营活动的现金流量为正的成熟企业，偶尔也会面临大额的投资机会，需要依靠外部融资。企业必须面对的一个战略性难题是，应该留多少钱在手里，将多少钱用于实现未来增长的投资，以及将多少钱返还给投资者和债权人。大量的短期流动资产可以在短期内为企业提供保障，企业可能会面临新的投资机会突然出现、机器发生故障、油价上升，等等。如果企业手上没有足够的现金（或其他流动资产），那么面对突发状况时就会手忙脚乱，不得不接受高成本的紧急融资，或者卖掉原本想保留的资产，甚至更糟——比如，出现违约。另外，手上的现金过多则意味着资金没能得到有效利用，进而影响了未来的利润（和现金）。

利润表与现金流量表对比

经营活动的现金流量和净利润之间常常有较大重合，让人很容易混淆这两个概念，但它们并不是彼此的替代品，也不处于彼此的对立面。具体来说，净利润无法衡量现金流量，经营活动的现金流量也不反映利润率。了解经营活动的现金流量的最简单方法是，当一家公司购买长期资产时，现金的流出属于现金流量表中的投资活动，而非经营活动。但是使用这些资产产生的收益所带来的现金流入应当归于经营活动。经营活动的现金流量永远不包含长期资产的成本，只包含收益。一些常见的业绩指标也存在相同的问题，例如税息折旧及摊销前利润。该指标包含了投资长期资产的收益，但不包含成本。另外，该指标也不含税息费用，后者显然也是实实在在的成本。税息折旧及摊销前利润可以告诉你资产是否得到了充分利用，但它无法衡量投资于这些资产的利润率。同样，经营活动的现金流量也是流动性的重要指标，后者与利润率一样都是业绩的重要维度，但两者并不相同。

现金流量表的另一个作用是确保企业利润数据的可靠性。如果利润以现金的形式获得，那么你知道自己手中确实有这笔钱。但是非现金形式的利润则不同，其更具主观性。举个例子，你可能会根据赊销能收回多少钱，某些资产会使用多长时间，以及你认为某项资产的价值会上升或下降多少来估算其中的利润。但这并不意味着非现金收益不重要，只是表明它需要更加谨慎地进行评估。

三张财务报表之间的关联

资产负债表等式是最重要的会计等式之一。在图 1–1 中，我们将资产和所有者权益展开，单独研究了现金科目和留存收益科目，为的是说明资产负债表、利润表和现金流量表之间的关系。资产负债表等式在期初（图中最上方）和期末（图中最下方）必须都成立。两张资产负债表之间如何关联起来？一种方法是通过利润表。具体来说，利润表调整了留存收益科目的期初数和期末数：

留存收益期末余额 = 留存收益期初余额 + 净利润 − 股利

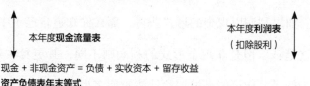

图 1-1　现金流量、净利润和资产负债表变动之间的关系

如果公司获得了利润，并且在支付股利后仍有结余，留存收益的余额就会增加。但是要保证资产负债表等式的两边相等，净资产（资产减去负债）也必须增加。也就是说，公司保留的收益必须再次投回公司的某个地方。通过研究资产负债表的其他科目，你会明白具体是投回哪里。

同样，现金流量表调整了现金（资产的一个科目）余额的期初数和期末数：

现金期末余额 = 现金期初余额 + 经营活动的现金流量 +

投资活动的现金流量 + 融资活动的现金流量

假如现金余额增加，那为了保持等式平衡，资产负债表的其他科目必须也有相应的变化。现金流量表上对应的投资活动的现金支出对应了资产负债表上长期资产科目的增加，现金流量表上因借款产生的融资活动的现金流入对应了资产负债表上债务科目的增加，等等。

从图1-1中，我们可以看到，如果现金流量不等于利润会出现什么结果。假如公司取得了100万美元的利润，且没有支付股利（留存收益增加100万美元），但是现金流量只有80万美元，即现金科目只有80万美元的变动。那么另外的20万美元去哪了？要保持资产负债表的平衡，另一个科目就必须产生相应的变化。也就是说，现金流量和净利润之差需要体现在资产负债表中的另一个科目的变动上。

了解交易和事项是如何影响这三张财务报表的以及这些报表之间的关联，是非常重要的能力，我们在下一章中的目的正是帮助你进一步提升这些能力。

第二章

交易和事项对财务报表的影响

本章要点

1. 交易和事项对财务报表的影响

2. 编制财务报表

2010 年，由于经济持续衰退，美国的住房销量连续下降了 4 年，而美国最大的豪宅制造商托尔兄弟公司却以 1.43 亿美元的价格购买了一块土地。尽管房价和新房销量均有下滑，但该公司的目标却是在经济形势好转、住房销量上涨时满足消费者的购买需求。这笔大额投资对该公司的资产负债表有什么影响？哪些科目会增加，哪些会减少？对现金流量表有什么影响？它属于经营活动、投资活动还是融资活动？它如何（以及何时）影响公司利润？这些问题没有你想象的那么简单。实际上，托尔兄弟公司对这笔账目的处理方式与其他公司对同一笔交易的财务处理方式很可能存在差异。

对于有经验的分析人士和投资者来说，回答这些问题犹如本能，这也是管理者需要培养的关键技能。为了有效地利用财务报表，无论你是分析人士还是管理者，都要明白它是如何编制的。会计人员根据会计准则将交易和事项以财务报表的形式表达出来。接下来，管理者和分析人士会"逆向处理"这个流程，他们会根据财务报表去倒推交易情况和事项内容。所以如果你不了解报表的编写规则，就无法做到这种逆向处理。

学会解读财务报表的另一个重要原因在于，你可以更好地判断某项企业战略在本年度和未来年度对财务报表产生的影响如何。为此，你需要明确这项企业战略包含哪些未来交易和事项，以及这些交易和事项对财务报表的影响。一旦具备了这些能力，你就可以更好地阐释战略的影响，同时利用财务分析工具找出企业战略中的多种变数，并加以完善。

在本章中，我们将进一步学习交易和事项是如何影响财务报表的，并重点探讨以下几个概念：

- 如何根据资产负债表等式分析交易和事项对财务报表的影响？
- 利润和所有者新增投资之间的区别。
- 支出的资本化和费用化。
- 交易和事项估值过程中的主观判断对未来的影响。
- 现金流量表和利润表的关系和差异。
- 如何针对潜在的交易和事项编制财务报表？

交易和事项对财务报表的影响

　　为了更好地理解几张财务报表之间的关系，我们以几个典型的交易为例，说明其对资产负债表、利润表和现金流量表的影响。在这个过程中，我们可以看到三张财务报表之间的关系和差异。另外，我们还将借此来强调会计准则中的一些重要原则和概念。

　　本章主要围绕一个重要的财务报表等式展开：资产 = 负债 + 所有者权益。等式两边永远是相等的，所以每一笔交易都要维持这个平衡，这也意味着交易本身就要实现平衡。这是所谓的"复式记账法"的基本原理：对某一科目产生影响的交易或事项一定还会影响另一个科目，否则，资产负债表等式就不成立。举个例子，如果某个资产科目发生了增加，那么同时必然会发生以下至少一种情形：另一个资产科目发生了减少或某个负债或所有者权益科目发生了增加。找到哪个科目受到影响，是掌握会计原理的关键。

　　假设有一家公司刚刚成立，我们暂且为它取名为艾森公司。对于它的每一笔交易，我们来找出哪些资产、负债和所有者权益科目受到了影响。

（1）20×× 年 1 月 1 日，几名股东成立了艾森公司。他们投入 60 000 美元现金，得到了 2 000 只普通股股票。（交易 1）

资产	=	负债	+	所有者权益
现金 + 60 000				普通股 + 60 000

资产中的现金科目增加了 60 000 美元。没有减少的资产科目，所以为了保持等式平衡，一定有一个负债或所有者权益科目变多了。向股东发售股票时，因为公司没有向股东欠债，所以没有需要记录的债务。因此，交易的另一边一定对应着一个所有者权益科目，通常称为"普通股"或"实收资本"。因为这笔交易影响到了现金科目，所以也要反映在现金流量表上。具体来说，它属于现金流量表中的融资活动。

要注意，所有者权益的增加不是通过利润的增加而实现的。也就是说，我们无法将这 60 000 美元记为当期收入。会计制度的一个重要作用是区分利润和新增投资，这一点很关键，久盛不衰的庞氏骗局就公然违背了这个准则。机构混淆了真实利润（往往比较低，甚至是负数）与新投资者提供的资金，并声称这两部分都是利润。然后，他们将两者组合的收益付给最早一批投资者（并留给自己一大笔），用以"证明"公司的赢利能力，然后再吸引新投资者进来，重复这个循环。为了将骗局持续下去，他们需要不断地扩大规模，直到最后彻底崩塌。

（2）艾森公司支付 50 000 美元现金购买了土地和楼房，其中土地 10 000 美元，楼房 40 000 美元。（交易 2）

资产	=	负债	+	所有者权益
现金 – 50 000				
土地 + 10 000				
楼房 + 40 000				

很明显，资产中的现金科目减少了 50 000 美元。与之对应的是，我们得到了其他两类资产：土地增加了 10 000 美元，楼房增加了 40 000 美元。虽然两者都属于资产负债表上的"不动产、厂房和设备"一项，但会计报表需要明确区分 50 000 美元中的多少应归于土地和大楼。这是由于在购买日之后，我们需要分别计量楼房和土地的价值。具体来说，楼房的价值可能会随着时间而下降，但土地（依惯例）不会贬值。注意，这里虽然支付了现金，但净利润或所有者权益没有受到影响。支出分为资本化（能获得未来收益，例如本次交易）和费用化（收益已经实现）两类，这笔交易也将记录在现金流量表的投资活动中。

由此可以想到，托尔兄弟公司对于购买土地的会计处理如下：增加长期资产中的不动产、厂房和设备科目，减少现金科目，然后将购买土地记入现金流量表中的投资性支出。大多数企业都会这样处理。对于其他企业来说，买卖土地不是其主营业务，他们以建造厂房为目的购买土地，并持有数十年，也可能将其作为一项附属业务处理掉。但对托尔兄弟公司来说，这是其主营业务，该公司正是凭借买卖土地（以及上面的楼房）来赢利的。在财务报表上，科目的划分需要符合企业的主营业务。

（3）以赊购而非现金的方式购买待售商品（存货），总价为 40 000 美元。这批商品可以卖到 64 000 美元。（交易 3）

资产	= 负债	+ 所有者权益
存货 + 40 000	应付账款 + 40 000	

资产中的存货科目增加 40 000 美元。由于货款尚未支付，公司就多了一笔负债，它应该记录在负债类的应付账款科目中，金额为 40 000 美元。这笔交易对利润表没有影响，而且因为不涉及现金，所以也不影响现金流量表。

这就是托尔兄弟公司对购买土地的会计处理。该公司的主营业务是购买土地、建造房屋并出售以获取利润。土地属于该公司的存货，购买土地作为经营活动被记录在现金流量表上。建造房屋的成本属于存货科目中的土地成本，在出售土地时（作为销售商品成本）全部费用化。我们将在下一个例子中分析销售活动。

我们在记录上一笔交易时忽略了一个条件，即这批存货有望以 64 000 美元的价格卖出。这是一个涉及历史成本核算的例子。购买价格客观且容易证实，但是 64 000 美元的价格具有较强的推测性，而且从目前来看过于激进。将存货价值提升至 64 000 美元无异于将它的销售利润记在了当下——但此时的买方、销售合同或者价款还都不存在！相反，会计准则要求公司等到实际售出存货时才确认利润。利润即销售存货得到的收入与购买存货支付的价格之差。

（4）公司将 5 000 美元购买的货物以 8 000 美元的价格卖出，并收到了现金。（交易 4）

资产	=	负债	+	所有者权益
现金 + 8 000				
存货 − 5 000				留存收益 + 3 000

公司卖出了产品！资产类的现金科目增加了 8 000 美元，存货科目减少了 5 000 美元。等式还没有平衡，那么剩下

的还有什么？资产出售价格与购买价格之差等于利润，即 8 000 – 5 000 = 3 000（美元）。留存收益是所有者权益类科目，它的含义是公司在一段时间内积累的利润，直到这部分款项将作为股利发放给所有者。实际上，留存收益还有另一个名字，叫作累积收益。注意，即使留存收益和普通股都属于所有者权益，但两者是相互独立的科目，与交易 1 的原理相同。上面的分录显示，资产净增加 3 000 美元，所有者权益增加 3 000 美元，因此等式保持平衡。在现金流量表上，公司收到了 8 000 美元现金（没有支出）。由于销售属于经营活动，所以我们将这笔款项记录在现金流量表上的经营活动部分。

　　严格来说，公司对于销售活动的会计处理比上面的例子更复杂一些。公司不会将收入直接归为留存收益，而是设立收入科目和费用科目，分别进行计量。这比单独编制利润表更容易，不同类型的收入和费用分别列示，而不仅仅只有一个总数。我们会在所有者权益下设立一个收入科目，增加 8 000 美元（售价），并在所有者权益下设立一个已售商品费用科目，减少 5 000 美元。这里用负数，表明它是一项费用，会减少留存收益。

（5）用 17 000 美元现金向供货方偿付赊销款（购买存货商品发生在交易 3 中）。

资产	=	负债	+	所有者权益
现金 - 17 000		应付账款 - 17 000		

这个原理很简单。现金减少了 17 000 美元，相应地我们对于供货方的负债，即应付账款也减少了 17 000 美元。现金的减少对收入没有影响，因为我们在卖出存货的时候已经确认了收入。理论上，这笔钱或许已经到账，或者未来才会收到，如下一个交易所示。

（6）公司将 15 000 美元购买的存货以 25 000 美元的价格卖出。这一次，公司收到了 6 000 美元的现金价款，其余部分买方将在年底支付。

资产	=	负债	+	所有者权益
现金 + 6 000				
应收账款 + 19 000				留存收益 + 10 000
存货 - 15 000				

这比交易 4 要棘手一些。很显然，存货减少了 15 000 美元，现金增加了 6 000 美元。客户承诺未来支付剩余款项 19 000 美元，这笔钱属于资产类的应收账款科目。公司净资产增加了 10 000 美元，这是资产销售价格与购买价格的差额，代表

利润，并确认为留存收益的增加。与之前一样，我们会将这笔钱确认为 25 000 美元的收入和 15 000 美元的费用，年底将两者的余额结转为留存收益。注意，利润是 10 000 美元，但现金流量只有 6 000 美元。两者存在差额的原因在于，我们没有支付购买存货的全部款项，以及出售货物的价款也没有全部收到。

因此，这里需要确认的收入存在一定的争议。现金 6 000 美元已存入银行，但我们有一定的概率会拿不到剩余的 19 000 美元的应收账款。会计准则不会要求你在收到款项时确认收入，这种方法过于保守，而且不够及时。相反，我们必须估计一个预期将收回的未偿付款项金额，并以此确认收入和应收账款，来维持等式的平衡。在这个例子中暂且忽略不计。

（7）艾森公司的员工本年度的总收入为 4 000 美元，其中 3 000 美元以现金支付，1 000 美元将于未来支付。

资产	=	负债	+	所有者权益
现金 −3 000		应付职工薪酬 +1 000		留存收益 −4 000

很明显，资产中的现金减少了 3 000 美元，同时负债中的应付职工薪酬（例如递延奖金、休假津贴或养老金等）增加了 1 000 美元。为了保持等式平衡，所有者权益应该减少

4 000 美元，这个数字代表薪酬费用。上个例子表明，这笔支出最初可以确认为费用，年末与其他收入和费用科目一并结转为留存收益。注意，薪酬费用在利润表上与实际支付的现金要分别确认。我们需要将总成本与员工提供劳务的期间（也可视为我们从员工的劳务中取得收益的期间）而非实际支付薪酬的期间相匹配。

（8）收到客户欠款 2 000 美元。

资产	=	负债	+	所有者权益
现金 + 2 000				
应收账款 – 2000				

这个不难理解。现金增加 2 000 美元，应收账款减少 2 000 美元，利润不受影响，因为我们在实际销售之后便确认了收入。注意，不能在收到款项以后再次确认收入，否则就会出现重复记录，这是不允许的。

（9）年中，公司向银行借款 5 000 美元，借期一年，利率 10%。

资产	=	负债	+	所有者权益
现金 + 5 000		应付票据 + 5 000		

现金增加 5 000 美元，一项代表偿还义务的负债——应

付票据增加 5 000 美元。

（目前）净利润不受影响，现金流量变动出现在融资活动部分。

（10）向股东发放 1 000 美元的现金股利。

资产	=	负债	+	所有者权益
现金 - 1 000				留存收益 - 1 000

现金减少 1 000 美元是显而易见的。我们同时还要清楚，为了保持等式平衡，所有者权益也需要减少 1 000 美元。向股东支付股利意味着一部分收益不再由公司持有，而是返给了所有者。这可以体现为所有者权益中留存收益的减少。需要注意的是，尽管留存收益减少了，但净利润不受影响。股利不是费用，不是取得收入或利润的成本。相反，它是将利润的一部分返还给股东。因此，为了及时了解留存收益的余额，我们需要关注利润以及支付的股利。我们以后会明白，在公司发展的这个阶段分发股利或许不是一个好的决策，我们在此处举这个例子只是为了讲解会计处理方法。

期末调整分录

这些都是一年当中发生的交易，同时艾森公司还应确认其他需要进行会计处理的经济事项。由于这些事项没有相对应的具体交易，所以公司需要非常谨慎，确保将它们全部记录在财务报表中。没有交易意味着在以货币为单位来计量这些事项的过程中存在高度的主观性。

（1）举个例子，艾森公司使用了购买的楼房（交易 2）。公司在购买楼房时预计使用 10 年。当年，本地区的房地产市值增长了 8%。

资产	=	负债	+	所有者权益
楼房 - 4 000				留存收益 - 4 000

艾森公司必须将楼房成本（40 000 美元）的一部分计入本年利润表，这部分称为折旧费用。理想情况下，折旧期满后资产的剩余价值应该等于预期处置价值。假设资产在 10 年后的预期处置价值为 0，这时，根据常用的直线法来计提折旧，每年的折旧费用为 40 000 / 10 = 4 000（美元）。资产的账面价值减少了 4 000 美元，留存收益科目也减少了 4 000 美元。

注意，我们忽略了当地房地产的升值。因此，楼房的折旧价值与实际发生的价值下降（或上升）不匹配。"好消息"是，这个错误最终会得到纠正。假如我们连续10年每年为楼房计提4 000美元的折旧，期满后楼房的账面价值就变为0，但实际上，楼房的真正市值可能达到了100 000美元。如果我们卖掉楼房，就会在这笔交易中获得100 000美元的利润，因为账面价值为0的资产最终售价为100 000美元。该楼房在10年期间的累计利润等于100 000美元的收入减去40 000美元的总折旧，即60 000美元。这正是楼房的售价和购买价之差。假如我们预计楼房在10年后的残值为10 000美元，于是准备在10年中计提30 000美元的折旧，但实际上10年后楼房以100 000美元的价格出售。现在，我们得到了一笔90 000美元的销售收入（即售价100 000美元减去剩余账面价值10 000美元）。过去10年的累计利润包含30 000美元的折旧和90 000美元的收入，净收益为60 000美元。不管我们使用哪种折旧方法，累计利润都等于资产售价和购买价之差。从长期看，总现金流量和总会计利润相等，这是一个重要的会计属性。"坏消息"是，这类错误需要很长时间才能得到自行纠正。

（2）艾森公司需要注意的另一个事项是面值5 000美元、

为期半年的应付票据，这笔钱也有一定的成本（尚未支付）。

资产	=	负债	+	所有者权益
		应付利息 + 250		留存收益 -250

　　如果贷款利率为 10%，期限为一年，那么公司在到期时应当向出借方多支付 500 美元，作为使用这笔钱的补偿。因此，使用半年的成本应该是 250 美元。换一种说法，如果我们还款时只归还最初借的 5 000 美元，出借方一定不会同意。我们还要给对方这段时间的利息——250 美元。此时，我们可以设立一个利息费用账户，并记在留存收益科目下，然后在负债部分设立应付利息科目来抵消它，确保两者数额均为 250 美元。另外，也可以简单地将这个数字计入应付票据科目。

记得纳税

　　最后，还有一笔费用需要记录。到目前为止，公司已经获得了一笔利润。但股东并不是唯一有权得到这笔钱的人，政府也要分一杯羹。因此，为了准确衡量股东收益增加了多少，我们还要计算这笔钱在到期时应支付多少税金。我们可以假设税率为 40%。

资产 ＝ 负债 ＋ 所有者权益

应交所得税＋1 900 留存收益－1 900

我们可以算出，税前利润为 4 750 美元。假如税率为 40%，那么公司应交 1 900 美元的所得税。为了记录这笔费用，留存收益通过所得税费用科目减少 1 900 美元。由于尚未实际支付，所以现金目前还不会减少。另外，我们应建立一个负债科目，即应交所得税，来反映这个纳税义务。

实际上，除了向股东提交的财务报表，公司还可以根据纳税需求去记录一套完全不同的财务账，并采用不同的利润计算规则。

编制财务报表

接下来，我们将各科目的余额相加，填写到资产负债表中（如表 2-1）。

表 2-1 艾森公司资产负债表——2010 年 12 月 31 日

单位：美元

资产		负债和所有者权益	
现金	10 000	应付账款	23 000

（续）

资产		负债和所有者权益	
应收账款	17 000	应付职工薪酬	1 000
存货	20 000	应付票据	5 250
流动资产合计	47 000	应交所得税	1 900
土地	10 000	**负债合计**	31 150
楼房	36 000	普通股	60 000
长期资产	46 000	留存收益	1 850
合计		**所有者权益合计**	61 850
资产总计	93 000	**负债和所有者权益总计**	93 000

　　上面的资产负债表反映了艾森公司在具体日期（2010年12月31日）的财务状况。对比一家公司连续期间的资产负债表，你可以看出其财务状况发生了哪些变化。由于这是艾森公司的第一张资产负债表（期初数均为零），那么它本身就代表了资产负债表的变化。它告诉我们，尽管艾森公司通过发行股票得到了60 000美元的初始资金，但现金余额在期末仅剩10 000美元。其余资金用于购买资产，包括楼房、土地和存货。这些非现金资产的价值为83 000美元。同时，它们也给公司带来了一些债务，总额为31 150美元，全部将于下一年到期。

我们可以看到，留存收益增加了 1 850 美元，但对于艾森公司当年的经营状况，资产负债表没有提供更多信息，这该是由利润表和现金流量表所反映的内容。艾森公司的利润表可以根据单独的收入和费用科目来进行编制（用括号括起来的数字表示负数）（如表 2-2）。

表 2-2　艾森公司 2010 年度利润表

单位：美元

销售收入	33 000
主营业务成本	（20 000）
利润总额	13 000
薪酬费用	（4 000）
折旧费用	（4 000）
营业利润	5 000
利息费用	（250）
税前利润	4 750
所得税费用	（1 900）
净利润	2 850

注意，净利润为 2 850 美元，但留存收益只增加了 1 850 美元。两者出现差额的原因在于，并不是所有利润都由公司留存，其中有 1 000 美元作为股利被发放了。利润表的各项

科目清楚地反映了公司的收入金额，以及将收入抵扣的各项费用明细。我们将在下一章中介绍如何分析利润表。

现金流量表是三张财务报表中最简单、最清晰的一张，但可惜的是，公司对该报表的处理往往使它看起来很晦涩难懂。原则上，公司应该回顾本期发生的每一笔交易，确认哪些交易涉及现金。假如某一笔交易影响到了现金，它就应该被记录在现金流量表中，否则就不用记。接下来，公司应将所有现金交易区分为经营活动、投资活动和融资活动。最后，在每种活动下方列出详细的收入和支出明细。这种编制方法被称为直接法，以艾森公司的现金流量表为例（表2-3）：

表 2-3　艾森公司 2010 年现金流量表

单位：美元

经营活动产生的现金流量	
销售商品、劳务收到的现金	16 000
支付给职工的薪酬	（3 000）
支付给供应商的现金	（17 000）
支付的利息	0
支付的税费	0
经营活动产生的现金流量净额	（4 000）

（续）

投资活动产生的现金流量	
购买不动产、厂房和设备	（50 000）
处置不动产、厂房和设备	0
投资活动产生的现金流量净额	（50 000）
融资活动产生的现金流量	
发行债券	5 000
偿还债务	0
发行股票	60 000
回购股票	0
支付股息	（1 000）
融资活动产生的现金流量净额	64 000
现金增加额	10 000
期初现金余额	0
期末现金余额	10 000

以这种方法编制的现金流量表方便人们直接解读。艾森公司的现金余额在一年内从 0 美元变为 10 000 美元。经营活动和投资活动都耗用了现金，这些现金来自融资活动，主要是发行股票。

在这个案例中，经营活动产生的现金流量是负数，但净利润是正的，这表明现金的流动性和赢利能力不是一个概念。利润表说明我们为股东创造了价值，而现金流量表告诉我们这些价值不是以现金形式出现的。这些价值到底在哪里？答案一定在资产负债表上。该报表反映了还没有转化为现金的其他资本和义务。

实际上，大多数现金流量表都比上面的例子更复杂，尤其是经营活动部分。这些报表不会直接列示经营活动的现金流入或流出，而是从净利润开始做出一系列调整，然后倒推出经营活动的现金流量情况。这种方法被称为"间接法"，它最终得出的数字与经营活动部分的最后一行金额相同，但过程不同。对于大多数人来说，了解哪些因素会影响到现金，它们分别对应现金流量表的哪个部分，这就够了。但是对于想进一步学习的读者，我们会在本书的附录中介绍间接法。

现金流量表、资产负债表和利润表就像不同的记分卡，反映了企业的效益。管理者的职责是解读其中的数据，并根据它们来调整经营、投资和融资决策。本书前两章探讨了每一张财务报表的内容、编制方法和相互关系。接下来，我将深入讲解如何解读和使用报表信息。第三章将介绍利润表，它反映了公司（以及各个部门）的收入、费用和利润情况。

第三章

利润表：收入、费用和利润

本章要点

1. 获得细分数据

2. 评估标准

3. 评估业绩，从收入开始

4. 费用和利润

到目前为止，我们学习了财务报表的编制方法，知道了如何使用这些信息来做决策。接下来，我将介绍常用的几种业绩评估方法，以及如何分析和解读它们。本章首先从收入着手，然后系统性地拓宽研究范围。我们将讨论如何分析在创收的过程中产生的成本，这两者共同决定了企业的赢利能力。在下一章，我们将探讨公司的资产，研究它们是否得到了有效的利用。通过对比利润和用于取得利润的资产，我们可以将利润表和资产负债表联系起来。最后，我们再关注资产负债表的另一侧，了解公司的资本构成（或者来源）以及它对业绩和风险的影响。

管理者使用财务报表主要有两个目的：①找到需要重点关注以及采取补救措施的领域；②调整未来的业绩预期。为此，有关信息必须非常详细，并且能够展示公司各个“部分”的状况。公司净收入这种概括性数据不足以让我们看到哪些地方表现良好，哪里还存在不足。对于前者，我们也需要明白表现好的原因是什么。一个部门的成功模式是否可以复制到其他部门？我们是否想扩大这些活动的规模——例如，提高产量、建造新厂房、开辟海外市场？对于表现较差的地方，问题具体出现在哪里，为什么？是否可以纠正？如果不能，我们是否需要缩减这些活动的规模，将它们外包或者彻底关停？

让我们重新回到本书绪论部分提到的百事公司重组的例子。当时，百事公司包含三个部门：饮料、零食和餐饮。为了能针对每个部门单独做决策，公司需要了解各个部分业务的发展情况，只知道整体状况是不够的。我们可以从表 3-1 中看到，公司单独评估了每一个部门的业绩，基于这些数据，公司可以将每个部门内部和各部门之间在一段时间内的业绩情况进行比较。

表 3-1　1996 年百事公司各部门业绩数据摘录

业绩	饮料	零食	餐饮
销售收入（千美元）	10 524	9 680	11 441
销售增长率（%）	1.4	13.3	1.0
营业利润（千美元）	890	1 608	511

三个部门的销售收入相近，其中餐饮部门的收入略高于其他两个部门。然而，饮料和餐饮两个部门的收入增长幅度

不大。每个部门的利润都是正的，但餐饮部门的利润最低。零食部门的收入最低，但增幅和利润最高。餐饮部门正好相反：收入最高，增幅和利润最低。百事公司最终卖掉了规模较小的连锁餐厅，并将餐饮部门的其余业务剥离出来，成立了单独的公司。

在分析利润表的过程中，我们将重点探讨以下问题：

- 依据哪些标准来比较业绩？

- 收入为何是财务分析的最佳起点？

- 为何增长率是一个需要着重强调的标准，但不是唯一的重要因素？

- 如何批判性地看待销售量？

- 什么是毛利润，它为何是赢利能力的关键指标？

- 会计准则如何导致利润表上的费用失真？

- 在根据财务报表预测未来业绩时，为何有必要区分经常性收入和费用与临时项目？

获得细分数据

为了提供有效的决策支持，组织必须向管理者提供与其在组织中的地位和职责相匹配的数据。收入、利润或者现金流量等业绩指标可以针对具体部门单独计算（以百事为例），这些部门也可以根据地理位置或产品类型来划分。有关业绩的财务数据可以依照产品线、产品组、工厂、车间等进行进一步细分。级别越低，我们需要的该领域的业绩数据就越详细。

公司也要根据利润构成来提供详细数据：将收入和费用按照类型来划分，生产经理会得到更具体的产量、次品率和制造成本的数据，而营销经理则更需要销售和营销成本的细分数据。

记住，负责一个领域的主要管理者最好同时关注其他领域的情况。例如，根据客户类型来分解销售收入的做法很常见，但是极少有人会计算每一个客户带来了多少利润。很多时候，小部分客户贡献了公司的绝大部分利润。高净值客户或许对利润的贡献不是最大的，但维护这些客户会耗费巨大的成本。与额外成本相比，营销经理对收入的概念更熟悉（因为这些人的薪酬往往与收入挂钩），因此他们会辩称这些都是必须要维护的有价值客户，但事实不一定如此。

评估标准

为了评估业绩是否良好、是否出现异常，你需要一个对比标准。第一个常用的对比标准是公司以往的业绩。通过对比这些数据，你可以看到公司在一段时间内的发展情况，并从中归纳出发展趋势或找出异常之处。例如，公司年报中的"管理层讨论与分析"一节对比了本年度与上一年度财务报表的具体项目，并讨论了二者数据存在差异的原因。对比不同期间的业绩也是计算增长率的方法之一，我们将在后面提到，增长率是公司内部以及外部行业分析人员在进行审核与估值时使用的最重要且审查最严格的一项标准。

第二个常用的对比标准是公司内部的其他部门或其他公司。与公司其他部门对比有助于了解资本的分配方式；与其他公司对比则可以让你发现公司在财务和运营上的优势和劣势，同时重新思考在哪方面与这些公司竞争并如何竞争。对方或许也在做同样的事。这种对比能够帮助你看清公司业绩的变化在多大程度上是由行业因素（如全行业销售额下滑或原材料价格上涨）、其他普遍因素（如利率）或公司内部因素导致的。

第三个常用标准是预算。对比预算有利于我们找出意料之外的变化，决定是否有必要重新预测，等等。无论采用哪个标准，最好弄清楚偏离标准的情况是由临时因素（非经常性事项）还是由长期因素（经常性事项）导致的。区分这一点很有意义，因为大规模非经常性事项对于评估过去的业绩、了解已经发生的情况很重要，但对于展望未来、预测以后的成本和利润却不具有参考性。

评估业绩，从收入开始

收入（或销售额）是财务报表中最常用且审查最严格的数字。公司在季度发布会中首先汇报的就是当期销售额，后面才会提到利润。收入的重要性在于，它是公司全部活动的最终结果。公司获得的资金、购入的资源以及生产的产品和劳务都是为了创造收入（最好足够支付所有的相关成本）。收入比利润表上的"顶线"更重要，它也是决定哪些成本能出现在利润表上的重要因素，因为很多成本都与收入挂钩。

收入（和费用）也可以根据背后的驱动因素来进行分解：

收入等于售价乘以销售量，费用等于投入成本乘以使用的商品或劳务数量。对于以外币结算的交易，汇率的变化也会影响交易的收入总额。收入的增加是因为公司销售了更多产品，还是价格上涨，或者汇率发生了变化？如果是最后一个原因，那么或许这种增加在下一年就不会再出现了。

销售增长被视为一个非常重要的评估标准。为什么人们如此看重增长？一个原因在于，它通常是最重要的利润指标。高增长型企业往往有着更高的股价和市盈率。新兴市场上的先发优势和市场份额往往也与较高的增长率有关。市场份额一般是通过公司销售量除以行业总销售量来计算的，它可以有效对比本公司和竞争对手的销售量（和销售增长）。它可以被看作公司在市场上的相对竞争力以及权力和影响力的评估标准。

但销售增长也可能是由多个不同的因素共同导致的，我们需要通过分析来确定具体有哪些。例如，销售收入来自新老产品的占比各是多少？是否有一部分收入来源得到了专利保护，且未来仍有保障？这些专利何时到期？是否有一大部分收入来自少量客户？如果是，这些客户的财务状况如何？他们未来的需求预期是怎样的？

　　另一个分析增长的有效方法是区分"有机"增长和通过并购实现的增长。例如在零售行业，一个常用的方法是记录同店销售额以及开设新店或收购其他连锁店增加的销售额。通过现有设施提升销量的优势在于，基础设施较为成熟，成本不会随着收入的增加而上升。然而，同一家店的销售额或者同一个工厂的产量提高幅度往往有限（例如，消费者不会为了专门在一家店买东西而奔波数百里）。卡卡圈坊大量开店存在的一个问题，即除了其他企业，自家门店之间互相也构成了威胁。虽然公司的总销售额在增长，但同一家店的销售额（和利润）却开始下降。

　　火神材料是一家骨料生产商，它的交通成本非常高。对于这家公司来说，扩大规模的一个简单办法是并购。然而，并购的成本通常很高，因为要向对方公司支付大笔溢价。举个例子，2007 年，火神材料收购了竞争对手佛罗里达州岩石工业公司，资产增加了一倍多，同时还依据当时的股票市值向对方支付了 45% 的溢价。火神材料预测佛罗里达州的建筑和房地产行业将会复苏，但目前仍未实现。

　　销售量减少往往代表着财务前景不乐观，但增长过快也会产生相应的成本。在某些情形下，为促进销售而花费的成本容易失去控制。卡卡圈坊就是个典型的例子，类似的公司还有很多。1996 年，百事公司的首席执行官罗杰·恩里科（Roger Enrico）在致股东的信中简要概括了公司的近期业绩："我们得出了什么结论？听起来或许有些奇怪，在寻求增长方面，我们可能努力过头了……过去 30 年，我们很少犯错，实属万幸，但这些错误几乎都是由于投资过多、过快，企图在一夜之间取得成功导致的，现在回头看看，困难比当时看起来更加严重。"

实现快速成长意味着要招聘和培训新员工，这可能会导致产品质量和服务水平下降。随着公司规模扩大，管理层的监管能力也会有所下降，这也会对质量产生消极影响。举个例子，2010 年，丰田公司总裁丰田章男在美国议会的一个委员会上说："我们追求快速增长，但是人员和组织的发展跟不上这个速度，这导致了今天的召回所涉及的安全问题，对此我感到遗憾。"根据经验，短期内增长率更高的公司往往破产率也更高。成长过快的企业往往会像流星一样飞快上升，然后迅速陨灭。

收入的会计和计量问题

管理者很清楚，收入被视为企业成功的重要标准，所以一些人会想方设法地夸大企业的真实收入，包括公开欺诈、曲解主观事项，或者仅仅是过于乐观。企业有时会面临巨大的"做假账"压力。要记住，一旦东窗事发，后果不堪设想，因此绝不能走这条路。

确认收入的准则有哪些？最重要的一条准则是，与客户签订合同不能作为将合同金额确认到当期收入中的依据。如果产品的风险和责任必须转移给客户，那么对方必须拥有产品的经济控制权。这一要求的意义在于区分合法销售与虚假销售。基于后者的一个例子是"开单留置"（bill and hold），即客户本期未提货，而公司已经确认了销售收入，这是非法夸大收入或加速销售的一种常见方法。还有一种类似的做法是"私下协议"（side agreements），如果客户不需要商品，卖方同意在下个期间将它收回。数十年来，这些类型的交易丑闻层出不穷，美国阳光公司和安然公司就是典型的例子。很多此类"销售"都发生在财务期间的最后几天，为的是实现企业的销售和收益目标，从而提高相关人员根据销售额计算的个人薪酬，或者避免未能达到企业管理者或外部分析人士的预期而导致的股价下跌。这些行为将本应属于下个季度的销售量和收入计入了本季度，导致下个季度的收入为零。操纵收入轻则会受到公司内部处罚，重则会产生民事和刑事后果。

遗憾的是，此类决策非常普遍，因此收入的确认成了证券交易委员会针对企业的执法行动中检查得最频繁的领域。所以，我们一定要以更加批判性的态度去看待财务期间最后几天的销售交易。

分析赊销活动，确认真实收入

在有关收入的评估问题上，最重要的一个与赊销有关。我们没法确保将赊销的货款全部收回，因此公司必须降低收入预期，只记录收回的可能性较大的金额，而非实际被拖欠的金额。假如一家公司以赊销的方式卖出了价值 100 美元的货物，但是预计客户可能违约 3% 的款项，那么公司只能确认 97 美元的销售净额。同样的问题也适用于估算产品收益。为了弄清楚企业的预期违约率和收益，尤其是竞争对手的情况，你需要阅读企业财务报表的附注。

我们在评估中可以参考本公司或者同类型公司的以往经历，基于管理者对当前和未来经济状况的判断以及对客户信用的了解，这归根结底是一种前瞻性判断。举个例子，2008年，由于经济衰退，大多数企业都无法获得贷款，我们预计公司将提高客户的违约预期。但是没有人能准确预知未来，一些管理者故意高估了自己收回货款的能力，进而高估了当期收入。最终，实际回款的情形不如预期，公司不得不冲销高估的未来应收账款，因此降低了未来收入。其他管理者则正好相反：他们低估了自己收回货款的能力，从而让当年的财务数字看起来更糟糕。在这种情况下，当实际回款好于预期时，他们就能纠正"错误"，增加未来收入。无论是哪种情形，管理者都能够通过这种方法来跨期间调整收入。

提供产品或劳务：捆绑销售对收入的影响

即使收到了客户的款项，根据会计准则，在履行对客户的义务（即提供产品或劳务）之前，你也无法确认收入。在很多情况下，这种义务是否履行可以明显地看出（例如消费者结完账走出超市），而在其他时候，公司会将不同的产品和劳务按照同一售价进行捆绑出售，并在不同的日期交付。计算机软件就是一个常见的例子，其中软件、自定义设置、培训、服务、硬件和升级以及其他产品往往会捆绑在一起。在这些情况下，会计准则要求你将销售收入分摊在不同的"应交付产品"上，只有在每项产品的义务实际履行时才可以确认相应部分的收入。在这里，关于如何将售价分摊在不同的项目上需要会计人员做出大量的主观判断，总收入如何分配将对公司的收入（和利润）金额产生巨大影响。

以苹果公司及其产品 iPhone 为例。当苹果公司销售 iPhone 时，它实际上将两种产品捆绑在一起：手机本身以及未来免费更新软件的权利。手机在销售当日便交付了，但免费的软件更新则是苹果公司在标准的两年服务合约期内必须持续履行的义务。iPhone 刚推出时的会计准则要求苹果公司必须根据手机和更新服务相对的实际售价来分配收入。这对苹果公司来说很难，因为它并没有单独销售更新服务。因此，会计准则禁止苹果公司在销售发生时确认收入，尽管它已经收到了现金。相反，它要将这笔钱在两年的合约期内均匀分摊。这是会计谨慎性原则的一个例子，即不得过早确认收入。然而，过于谨慎的结果是，财务报表上的收入无法准确反映苹果公司的真实经济状况。

2009 年，会计准则发生了变化（部分原因在于苹果和其他公司的游说），苹果公司可以基于估计售价来分配销售收入，也就是由公司估计更新服务的售价应该是多少。苹果公司估计接受软件更新的权利价值为 25 美元，因此它们在销售当日将这笔金额从售价中扣除，并即刻确认其余收入。因此，苹果公司在 2009 年的收入和净利润分别比按照旧的准则计算高出 17% 和 44%。新的准则或许更准确地反映了交易的真实情况，但同时也让收入有了更大的操纵空间。也就是说，如果苹果公司修改了软件更新的预期价格，但不实际销售该产品，它就可以更改即刻确认和延期确认的收入比例。管理者的职责是高度谨慎地确认这些数字，确保它们为做出有效决策提供可靠的依据。

费用和利润

收入和增长固然重要，但它们不代表企业发展的全部。增长与赢利能力是不同的概念。如果收入增加，但费用增加得更多，那么利润就会下降。为了制定和重新规划业务战略，管理者必须学会将成本进行分解。哪些成本较高，哪些可控？利润较低是由于导致费用暂时增加的一次性事项引起的，还是更加系统性的原因？分析成本可以提供必要的反馈，帮助人们了解企业的发展状况。这些信息对于管理者决定如何分配资源、削减哪些成本有重要的意义。我们是否应该将部分材料或服务外包？海外制造的成本是否更低？我们是否应该引进新技术来降低成本？是否应选择新的供应商？利息成本是否失去了控制，我们是否应该考虑重新融资或者偿还一部分债务？要想提高企业的竞争力，管理者有很多企业战略可以选择，很多工作可以推进，同时也面临着多种不同的选项。接下来，我们将介绍几种费用分析方法。

分析利润率的重要意义

与收入一样，计算总费用的增长，包括逐行分析，是一种有效的方法。另一个非常有效的工具是利润率。具体来说，是将利润表上的每一项都除以首行的收入，最终每个科目都以销售额的百分比来表示。

以表3-1为例，用百事公司各部门的营业利润除以销售额来计算利润率。将零食部门的营业收入 1 608 000 美元除以销售额 9 680 000 美元，表明每 1 美元的销售额中包含 16.6 美分的利润；换句话说，百事公司每投入 83.4 美分的费用，就能在零食部门得到 1 美元的收入。在饮料部门，利润率为

8.5%，约为零食部门的一半。餐饮部门的利润率是最低的，仅为 4.5%。

将利润表上的数字转化为利润率有助于我们对比规模相差较大的公司和部门。大公司利润表上的各项金额都会比较大，这种规模上的差异让人很难看清费用结构的差异。我们将利润表上的每一项都除以销售收入得出的表称为"共同比"利润表，它从企业规模中提炼出真实比例，更好地反映了成本构成。

为了证明这一点，我们以前一章中艾森公司的利润表为例，详见表 3-2 的第一列，并在第二列中将相应的数字除以销售收入，得出利润率：

表 3-2 艾森公司利润表和共同比利润表

单位：美元

	金额	占收入比例
销售收入	33 000	100.0%
主营业务成本	（20 000）	60.6%
利润总额	13 000	39.4%
薪酬费用	（4 000）	12.1%
折旧费用	（4 000）	12.1%
营业利润	5 000	15.2%

	金额	占收入比例
收入费用	（250）	0.8%
税前利润	4 750	14.4%
所得税费用	（1 900）	5.8%
净利润	2 850	8.6%

从最右一列中，我们可以看出，每1美元的收入对应着60.6美分的主营业务成本，剩下的39.4美分中包含所有的其他成本和利润。它被称为毛利润，是企业制定战略、决定哪些产品可以继续生产、是否有必要提高价格、哪些成本过高的关键指标。

艾森公司在每1美元的收入中，其他经营成本（折旧费用和薪酬费用）花费了24.2美分，还剩15.2美分来支付其余成本。销售费用、一般费用和管理费用，以及研发成本在计算营业利润时也应扣除。与其他主营业务成本相比，经营成本难以与收入挂钩。最后，减去0.8美分的利息费用和5.8美分的所得税，每1美元销售收入中剩余的8.6美分就是利润。

共同比利润表反映了成本的结构。我们从中可以看到费用在过去一年的变化，以及本公司的费用结构与竞争对手的有何不同。不同行业的成本结构存在极大的差异。制造企业和零售企业的主营业务成本较高。例如，美国陶氏化学公司的主营业务成本占收入的 85%；西夫韦公司的这一占比为72%。服务型企业的主营业务成本则要低得多，常常接近于零。达美航空公司、奥姆尼康集团（一家广告公司）和甲骨文公司的主营业务成本均为零。这些公司的成本主要集中在营业费用。债务负担较重的企业往往有很高的利息费用，在税收洼地开设的企业其所得税费用通常较低，等等。

费用的会计和计量问题

要注意，会计准则会影响到利润表中记录的费用。以主营业务成本为例，会计制度往往不要求记录单个产品的成本，然后在该产品出售以后将它的成本费用化。相反，会计制度一般会采取更容易把控（而且有一定的税收优势）的强制成本流动假设。

先进先出（First In First Out）和后进先出（Last In First Out）是两种常用的方法。在一段时间内，由于通货膨胀或其他原因导致的存货成本发生了变化，这两种会计方法会存在差异。根据先进先出法，先购买或生产的产品会先出售，后购买或生产的产品会归入存货。后进先出法则正好相反。因此，先进先出法会将旧的成本记录在利润表的主营业务成本中，将新的成本记录在资产负债表的存货中；后进先出法则与之相反。选择哪种方法不会改变公司真正的经济状况，但会计制度会使它们看起来有所不同。

这与管理者有什么关系？试想一下，如果成本不断增加会产生什么结果。根据先进先出法，旧的成本被记录在主营业务成本中，对应用来计算毛利润的销售收入。但旧的成本比较低，这意味着毛利润被高估了。举个例子，假如你花了1美元买了一件商品，后来以5美元的价格卖掉，此时的毛利润为4美元。但这是否意味着这4美元足以支付其他成本和费用？如果在买和卖之间的这段时间内成本上涨了，产品价格涨到了3美元，会导致什么结果？如果再买一件来补充库存，那么你手里只剩下2美元，而非前面计算的4美元，你只能用这点钱来支付成本和费用。成本越高，存货周转得越慢，问题就越严重。我们将在下一章探讨存货的周转问题。

后进先出法是将新的成本（3美元）计入销售收入，这样得出的毛利润为2美元。根据这种方法计算出的毛利润更好地反映了当前的状况。然而一旦存货减少，也会出现问题。一般来说，当公司预计未来销售会趋于疲软后，会降低产量来减少存货。在这种情况下，当年的生产成本全部被计入主营业务成本，公司还需要将所有产品（及其成本）从期初存货中计提出来。根据后进先出法，从存货中计提的产品成本已经严重过时，据此计算出的毛利润也会被严重高估。一旦出现这种情况，公司需要在年报的附注中进行说明。投资者一定要注意，因为公司在下个期间恢复生产并开始销售产品时，不太可能获得这么高的毛利润。经验丰富的分析人士知道如何解读这种附注，你也要学会分析它。要学会与其他公司的毛利润进行对比，检验根据后进先出法计算出的利润是否扭曲了本公司的毛利润。

折旧对利润表的影响

对于不动产、厂房和设备较多的公司来说，折旧是利润表上一项重要的费用。大多数企业都使用直线法来计算折旧费用。尽管这种方法容易计算和理解，但不太可能准确地反映资产价值随着时间的真实下降情况。实际上，资产不见得每年都会折旧。例如，楼房或许会升值，以200万美元购买的一栋房子5年后可能会涨到250万美元。根据国际财务报告准则（IFRS）编制的财务报表可以确认这种升值，但美国通用会计准则（U.S. GAAP）在将房子实际出售以前不允许进行确认。基于历史成本的直线折旧法有可能会严重扭曲公司的真实业绩和资产价值。

会计准则对研发活动和其他无形资产的排斥

无形资产以及广告和研发等活动存在一个更为严重的问题。会计准则通常会拒绝将这些确认为资产。相反，其成本在产生的当期直接费用化。会计准则这样规定的原因是，这些"投资"有较强的主观操纵性，很难可靠地将费用和收益关联起来。但是很显然，公司愿意在这些活动上花钱，是因为它们相信这些活动能够产生未来收益。

会计准则仅仅规范企业如何向股东汇报财务状况，但不代表这是企业经营的最佳方式。将研发成本（或任何其他无形资产的成本）在当期费用化会影响组织的发展动力，因为这会直接导致利润下降。研发出来的产品可能在很多年内都无法创收。到创收时，我们作为管理者是否还会留在公司，将这些收入算在自己头上？如果不会，那么我们开展研发的动力何在？为了合理激发人们的研发动力，承担这笔费用的管理者需要尝到一点甜头。按照会计准则将这些投资费用化，并在此基础上计算利润，显然不是个好办法。

非经常性项目

财务分析人士会花费大量时间将利润表项目整理为经常性项目或非经常性项目。对于管理者来说，这也是一项重要的工作，尤其是如果你将财务报表作为预测未来现金流量和利润的起点。利润表在这方面可以提供一定的帮助，它将最后一行的净利润分为几个部分：

- 持续经营净利润（Income from Continuing Operations）
- 终止经营净利润（Income from Discontinued Operations）
- 非经常性损益（Extraordinary Items）

持续经营净利润内部的科目之间也存在经常性程度的差别。出售厂房资产（而非核心产品）、诉讼和解、资产减记等都有可能产生利得或损失。会计准则越来越多地要求以市值计价，因此当资产价值随着时间出现波动，会出现大量的账面利得或损失。由于不同时期的价值变化不会产生关联，所以当一个时期出现大量利得或损失以后，下个时期不一定会再出现类似的利得或损失。从单个科目来看，例如主营业务成本，它的变化可能是由于临时性原因导致的，例如大额的维修费用、天气导致的成本价提高，等等。

然而，非经常性项目也并非毫不相关。很多公司都在想方设法地淡化非经常性项目的重要性，尤其是费用（出于某些原因，公司很少有非经常性收入），当这些成本不涉及现金支出时更是如此。资产减记（例如存货、商誉或递延所得税资产）就是一个常见的例子。

例如，2003 年，太阳微系统公司减记了 20 亿美元的资产，其首席执行官试图转移公众的注意力，说道："太阳微系统公司已经连续 33 个季度……获得了正向的经营活动现金流……现金才是王道。"同样，2007 年秋季，通用汽车公司减记了 390 亿美元资产，其首席执行官表示："我想，只有会计学博士才能看懂这种操作……它根本不会产生任何影响。我希望大家不要产生过度的负面情绪。"对于这两家公司的行为，投资者并不认同，通知发出后，两家公司的股价均大幅下跌。

即使这种"非现金支出"也可以用于预测未来现金流。别忘了，一项资产（例如存货）是有望产生未来收益（例如销售收入）的资源。减记这项资产就表明我们将不会获得这项未来收益。因此，我们需要下调对未来收入和现金流量的预期。至于太阳微系统和通用汽车两家公司，它们在后面几年的发展情况都不是很理想：前者在 2010 年被甲骨文公司收购，后者不得不在纳税人的帮助下脱离困境。

虽然减记行为本身不属于现金流量，但未来收益与现金流量有关，与资产计价也有关。此外，即便这笔减记不太可能会发生第二次，但还会出现其他的资产减记行为。假设一家公司减记了 210 亿美元的存货（思科公司在 2001 年便是这样做的），但它不可能在未来的每一年都减记 210 亿美元。然而，公司也不见得不会再次发生减记。最好的办法是，对未来减记的可能性和幅度做出合理预测，并介于二者之间来取数。

为了有效分析财务报表，我们必须关注细节，找出业绩背后的驱动因素。思考正确的问题，领会报表背后的真实意图。利润较低是因为收入较低、材料成本过高还是人工成本超出了预期？根据不同的答案，我们需要采取不同的纠正措施。如果我们发现材料成本超支，那是由于材料价格上涨，还是由于使用的材料数量超出了预期？如果是后者，那是因为材料质量不好，还是因为浪费比较严重？如果是质量原因，那么是所有供应商都如此，还是只有这一家？这个情况未来是否还会出现，迫使我们修改下一年的预期和预算？我们要不断将业绩进行分解，找出背后深层次的原因，这有助于确定我们下一步的思考方向和关注重点，帮助我们决定采取哪些行动来提升下一期间的业绩。

第四章

资产的使用和融资：
资产回报率、净资产
收益率与杠杆

本章要点

1. 经营业绩与资产回报率

2. 资本结构与净资产收益率

　　沃尔玛公司和蒂芙尼公司之间的差异一目了然。尽管两者都是零售企业，但其业务模式有着天差地别。沃尔玛销售的大多是低价的杂货、衣物和家居用品，而蒂芙尼销售多种奢侈品，包括项链、结婚戒指和礼品。不出意外，蒂芙尼的毛利润（详见上一章）要远远高于沃尔玛。例如，2010年，蒂芙尼每销售1美元的商品便能获得13.1美分的利润，而沃尔玛仅能获得4.2美分的利润。那么沃尔玛的竞争力在哪里？答案是，它投资于主营业务的资产能获得更多的销售额。实际上，尽管两家公司的经营模式存在着巨大差别，但它们在2010年的资产回报率几乎相等。为了达到这一水平，沃尔玛对其资产的利用效率需要比蒂芙尼高多少？两家公司对资产的融资方式也完全不同，那么债务规模对这些措施产生了什么影响？

　　在本章中，我们将思考为什么有必要了解在获得利润的过程中消耗了多少资本，以及要想提升投资回报率，需要完善哪些要素。

　　除此之外，我们还将探索：

- 什么是资产回报率和净资产收益率？两者之间有何关联？

- 资产回报率为什么是衡量经营业绩的关键指标？

- 资产回报率和净资产收益率与前一章中介绍的毛利润有什么关系？

- 什么是加权平均资本成本（Weighted Average Cost of Capital），它如何为资产回报率设定业绩基准？

- 如何评估资产（例如应收账款和存货）的利用效率？

- 公司的融资方式对净资产收益率有什么影响？

- 债务水平如何在增加了风险的同时帮助你获得了高收益，从而使风险成为好事？

经营业绩与资产回报率

利润是衡量企业成功与否的一个重要指标，但同时我们也要思考获得这些利润投入了多少成本。假如公司投入了1万亿美元，那么100万美元的利润看起来并不多。股东希望管理者能高效利用自己付出的资源。如果公司没有利用现有资源获得理想的收益，那么它就需要重新部署，将这些资源用到其他地方。如果找不到更好的用途，那么公司应该将这些资源归还给股东（例如通过发放股利或回购股票），让投资者重新寻找投资机会。

投资回报率业绩指标有很多个版本，我们将从最重要的资产回报率开始谈起。从名字上可以看出，资产回报率反映了资产的使用效率。在本章的后半部分，我们将分析资产的融资效率，然后将这两个因素结合起来，探讨它们共同对公司的净资产收益率产生了什么影响。从名字上看，净资产收益率反映了公司在股东投资的基础上为股东创造了多大的收益。经营业绩（资产的使用效率）和融资业绩（资产的融资效率）都会影响股东收益。这两个指标需要分别计算，这样有助于单独评估各方面的表现。

资产回报率计算公式：

资产回报率 =［净利润 +（1 – 税率）× 利息费用］/ 总资产

分母是总资产。根据资产负债表等式，资产 = 负债 + 所有者权益，所以总资产代表投资者和债权人向公司注入的资产。因此，分母中的总资产并不强调资产来源，只反映了它的总额。分子的原理与分母相似：它代表着公司在向债权人支付利息费用并向股东分配股利之前的利润。它不能直接用净利润来计算，因为已经扣除了利息费用。所以，我们要做的就是将这笔费用加回来。我们将这一过程称为"去杠杆"。最后得出的结果代表了资产为整个公司创造的收益，不考虑这些收益如何在投资人和债权人之间分配。

无杠杆利润 = 净利润 +（1 – 税率）× 利息费用

有些地方将它称为税后净营业利润（Net Operating Profit After Taxes）或息前收益（Earnings Before Interest）。该指标可用于评估负责主营业务（即负责资产的使用而非融资）的管理者的业绩。

另外还有一点需要注意，在计算资产回报率（或解读现成的资产回报率）时，要关注资产的计量日期。利润为时期数，而资产为时点数。我们需要根据哪个时点的资产来对比利润？最好使用一段时间内的平均值，因为它根据这段时间资产的注入或撤出进行了调整。假设公司获得了 1 100 美元的无杠杆利润，且平均资产余额为 5 500 美元，那么它的资产回报率为 1 100 / 5 500 = 20%。

资产回报率基准：加权平均资本成本

资产回报率达到 20% 是否合理？正确的基准是什么？

根据第三章的内容，我们可以将它与本公司以前时期或者其他公司同时期的资产回报率进行对比。但是这个指标有另一个天然的基准：市场上的投资者期望获得的收益率。也就是说，在同等风险下，投资者希望能得到多高的收益率？由于公司债权人和股东对利润所主张的权利有本质区别，其面临的风险也不同，所以最终能获得的风险溢价也不同。因此，我们认为公司具有债务资本成本（cost of debt capital）、权益资本成本（cost of equity capital）以及两者的结合——加权平均资本成本（weight average cost of capital）。

在计算资产回报率时，我们所依据的投资标准是公司的总资产。由于资产是由债权人和股东共同提供的，那么我们采用的正确基准应当反映这两类人分别期望的收益率。举个例子，如果公司资产中的债务和所有者权益分别占50%，债务的利率为8%，税率是35%，那么债务的税后成本为5.2%〔即$0.08 \times (1-35\%)=5.2\%$〕。假设权益资本成本为12%（我们会在下文中详细介绍），那么加权平均资本成本等于$0.5 \times 0.052 + 0.5 \times 0.12 = 0.086$，或者8.6%。加权平均资本成本是对比本公司已实现的资产回报率的可靠收益指标。根据这个标准，20%的资产回报率非常不错！

要记住，随着通胀率的变化，加权平均资本成本也会变化，而且由于面临的风险不同，不同公司甚至行业的加权平均资本成本也会有差异。另外，这一指标反映的是公司总体状况，不适用于其中的单个部门。如果每个部门的风险不同，那么高风险部门的预期收益率标准就会更高。

提高资产回报率

如何提升资产回报率？方法只能是在既定资产的基础上增加利润，或者在利润不变的前提下减少资产投入（或者两者同时实现）。具体来说，你需要评估公司各个部门的资产回报率，找出可以提升的空间，同时评估具体资产的使用效率。公司甚至可能需要处置或出售无法取得高收益的资产。例如，20 世纪 90 年代中期，百事公司做出了战略重组的决定，此前三年零食部门的资产回报率都较高（17.2%），而饮料部门和餐饮部门的资产回报率要低得多（分别是 7.5% 和 5.2%）。因为公司认为饮料部门的回报率还可以提高（大部分疲软的业务都在北美以外的市场），所以决定处置掉餐饮部门。

具体来说，要想提高资产回报率，我们可以将它分解为以下两个潜在的驱动因素：

资产回报率 = 利润率 × 资产周转率

其中的利润率 = 无杠杆利润 / 销售收入，可以根据上一章的内容来理解：每获得一美元的销售收入，我们能得到多少利润？资产周转率 = 销售额 / 总资产，这是一个新的要素，反映了每一美元资产创造了多少销售额。这两个要素是相乘（而非相加）的关系，代表着任何一项的微小变化都可以对整体资产回报率产生较大的影响。

在对比不同企业或部门的相关指标时，出现差异的部分原因与主打产品的本质有关。例如，奢侈品的加价高，但周转率低。有些与行业竞争力有关（因为竞争力高会导致加价的减少），有些反映了企业自身的战略选择。另一部分原因取决于企业在竞争环境中执行战略的效果。

通过这一框架，我们还可以计算出如果这两个要素都无法改善，那么应该如何取舍。让我们再回到本章开头提到的沃尔玛和蒂芙尼的例子，表4-1给出了两家公司在2010年的利润率、资产周转率和资产回报率。

表 4-1　蒂芙尼和沃尔玛资产回报率及其决定因素对比

公司	利润率（%）	资产周转率（次/年）	资产回报率（%）
蒂芙尼	13.1	0.85	11.2
沃尔玛	4.2	2.40	10.1

在每一美元的销售额中，蒂芙尼的利润比沃尔玛要高出三倍多。沃尔玛通过每一美元资产获得的销售额远高于蒂芙尼，但这不足以弥补二者间利润率的差距。如果沃尔玛的资产周转率能达到 2.66 次 / 年，那么它的资产回报率才能赶得上蒂芙尼。

前一章中有关提高利润率的分析和讨论对于提高资产回报率也适用。在下文中，我们将继续以沃尔玛和蒂芙尼为例，探讨如何计量和提高特殊资产的效率。

特殊资产的周转率

深入研究这些指标的一个有效方法是计算特殊资产的周转率（有时也称为效率指标）。两个最常见的研究对象是应收账款和存货。

应收账款

应收账款周转率可用来衡量应收账款的回收效率，计算方法如下：

应收账款周转率 = 销售额 / 平均应收账款余额

假如一家企业的销售额为 1 095 美元，平均应收账款余额为 90 美元。这里使用的是公式中的应收账款总额，而非资产负债表中的应收账款净额。在这种情况下，应收账款周转率为 1 095 / 90 = 12.167 次 / 年。可以这样解读这个公式：我们以赊销的方式卖出了 90 美元的商品，将这笔款项回收，然后再赊销了 90 美元的商品，再回收，以此类推，直至年底，这个循环重复了 12.167 次，公司在本年度的总销售额为 1 095 美元。也就是说，公司每年的应收账款周转率为 12.167 次。

我们用 365 除以这个数字，便得出了回收应收账款的平均天数：365 / 12.167 = 30 天。这个概念叫作应收账款周转天数。让我们换个角度理解，销售额每增加 12.167 美元，应收账款便会增加 1 美元。这个指标可以有效预测企业未来的营运资金需求。

我们在计算这个比率时使用的销售额包含现金和赊销金额，因此应收账款周转率同时受到这两个因素的影响。举个例子，2010 年，沃尔玛的应收账款周转天数约为 4 天，西夫韦公司是 5 天，这两家公司的销售收入几乎全部是现金。我们在这里将把现金、支票和借记卡的支付金额全部归为现金收入。如果有一位消费者以信用卡进行支付，这对于沃尔玛来说也相当于现金收入（只不过信用卡公司会收取一定的手续费）；它属于信用卡公司的应收账款，该公司还要承担消费者不还款的风险。如果沃尔玛发行了自己的信用卡，它就要计入应收账款，等待消费者支付。蒂芙尼的赊销比率较高，因此它的应收账款周转天数也较长，略多于 20 天。如果现金销售和赊销的组合发生变化，那么这种业绩指标也会改变。例如，梅西百货在 2005 年左右自行管理信用卡的应收账款，当时的周转天数为 40 天。现在，该公司仍然拥有印着自己名称的信用卡，但其大多数业务已经外包给第三方。因此，它的应收账款周转天数下降到了 5 天。

在其他行业，大部分企业的销售对象是其他企业，而非终端客户，并且多为赊销。例如，2010 年，陶氏化学公司的应收账款周转天数约为 60 天。在某些行业，这个期限要长得多：福特汽车公司的信贷周期超过了 200 天（汽车贷款），提供住房贷款的金融机构的应收账款周转天数可超过 10 年。

理想的情况下，我们可以计算出的赊销额的周转天数，代表回收这些款项需要多长时间。然后将这个数字与向客户提供的信用期限进行对比，我们会发现，回款次数每年都会发生变化，或者回款周期与竞争对手的完全不同。应收账款周转天数较高意味着回款周期更长，客户违约的风险也更高。同时这也可能表明公司的收入被高估了，因为对于虚假销售，公司不会很快收回款项。人们往往认为，公司的目标是尽可能缩短应收账款的周转天数，这样的话，钱可以很快收回来并重新用于投资。但是我们也可以对赊销者收取较高的利息，这样一来即使对方没有尽快付款，我们也会很开心。此外，提供更加灵活的信用期限也有助于提高销量。我们要判断是否值得为了提高销量而承受更大的违约风险和更长的回款期限。

存货

同样，我们也可以计算存货出库的速度。存货周转率的计算公式如下：

存货周转率 = 主营业务成本 / 平均存货

注意，我们在这里用到的是主营业务成本，而不是销售额，这样可以确保分子和分母都代表成本，得出的结果也不会将存货出库的速度与利润率混为一谈。与应收账款周转率一样，我们也可以用存货周转率来表示每年生产和销售存货的次数或者天数。很显然，沃尔玛和蒂芙尼的存货周转率完全不同：沃尔玛的存货每年周转 9 次，蒂芙尼周转 1 次存货的时间超过一年。

如果公司的存货周转率与过去或竞争对手相比出现了大幅下降，原因可能是产品的市场需求下降，产品已经过时或被完全淘汰，或者是生产出了问题。这些问题也可能导致存货被减记或报废，进而引发利润率下降或产生损失。

我们也可以将存货进一步分类（原材料、半成品和产成品），确定零部件在使用之前会被保存多长时间，完成生产流程要多久，以及产成品要多久才能出售。

最后，我们可以将应收账款周转天数和存货周转天数相加，得到公司的经营周期：

经营周期 = 应收账款周转天数 + 存货周转天数

经营周期代表存货的生产和销售，以及销售收入收回的平均时间，也反映了资金用于生产周期和回款周期的时间。沃尔玛的经营周期仅为 44 天，而蒂芙尼的经营周期则长达463 天——几乎多出了 10 倍！

资产的会计和计量问题

在计算资产回报率时，分母中的资产数额应该能够准确地反映资产创造利润的潜力。然而，我们在使用账面价值来计量资产时，有一些因素会导致结果失真，使我们在研究资产的表现时被误导。

如果公司使用后进先出法来计量存货，就会出现问题。在这种情况下，存货的账面价值可能会严重过时（甚至长达几十年）。根据后进先出法计算出的存货价值往往过低，在此基础上算出的资产回报率就会过高。公司必须在年报的附注中记录存货的当前成本，用这个数字来计算资产回报率（以及存货周转率）才会更准确。

不动产、厂房和设备一般以原始采购成本来记账，在此基础上扣除累计折旧。资产（尤其是土地和楼房）真实的经济价值往往会远高于其账面价值。因此，根据账面价值计算出的资产回报率会低于实际水平。管理者更喜欢那些已经全部计提折旧但仍然可用的资产。根据这些资产计算出的回报率非常高，因为资产的剩余价值很低。管理者通常会不合理地延长这些资产的使用期限，因为一旦将它们替换掉，资产价值就会上升，资产回报率也会突然下降。这种结果不是由于糟糕的经济决策导致的，它仅仅是会计处理的结果。下文将详细介绍这一点。

根据无形资产的账面价值来计算其回报率同样存在很大的问题，因为这些无形资产很可能没有记录在报表中。然而，它们可能会成为收入的关键驱动因素。例如，2009 年，可口可乐公司的资产回报率高达 15.9%，非常可观。但这个数字是基于资产负债表中资产的平均价值（450 亿美元）计算出的。我们在上文中曾经提到，可口可乐公司的资产负债表不包含价值 700 亿美元的品牌名称。如果我们将这个数字计算进来，那么公司的资产回报率会降至 6.2%，远不如之前的结果。如果我们在计算业绩指标时不考虑无形资产，就很难判断我们是否保护（或提高）了无形资产的价值。

在本节的最后，有必要强调一点：资产回报率等业绩指标只反映了公司一个时期的业绩。某一年表现不佳并不意味着公司的整个战略都需要推翻。当公司开始实施一项涉及大笔投资的新战略时，初期的资产回报率往往会下降。这是由于新的投资在多年后才能取得收益。即便我们将投资成本推迟到产生收益时才将它在利润表中进行确认，但它也已经被计入了资产负债表中。因此，在计算资产回报率时，这笔成本已经包含在了分母中。由于目前还没有收益，所以资产回报率便会下降，直到最终取得收益为止。我们需要将眼光放长远，不能仅仅盯着每一季度（甚至每一年）的数字，这样才能为公司做出最理想的决策。

资本结构与净资产收益率

到目前为止，我们介绍了资产回报率及其决定因素。记住，这其中既有投资者的份额，也有债权人的份额。那么股东应该得到多少？答案取决于公司的资本结构，即债务和所有者权益的比例。债权人提供了公司取得资产所需的一部分资本，作为回报，资产所创造的一部分收入会以利息的名义返还给债权人，其余部分则归股东所有。我们将股东从投资中获得的收益称为净资产收益率，计算方式如下：

净资产收益率 = 净利润 / 股东权益

赢利能力指标是净利润，它是属于股东的收益；投资指标是股东提供的资金。与资产回报率一样，净资产收益率也应根据当期股东权益的平均余额来计算，要充分考虑这一时期内股东投资的流入和流出。

净资产收益率基准：权益资本成本

合理的净资产收益率应该采用什么基准？企业应该给股东分配多少钱没有明确的标准，所以人们往往会错误地以为权益资本是免费使用的。这个想法大错特错。相关收益率是指市场上同等风险的投资为股东创造的收益。公司利润首先用于偿还债权人，因此股权比债权的风险更高。作为补偿，股权投资者享受更高的收益率。权益资本也比债务资本的成本更高，这意味着净资产收益率的基准一般会高于加权平均资本成本。

与债权人相比，如何从股东的角度去衡量风险往往存在更大的争议。一个常用的方法是资本资产定价模型（Capital Asset Pricing Model），它的原理是有些风险可以分散，有些则不能。可分散风险是指股东能够通过持有公司多样化投资组合来大幅降低（甚至消除）的风险。因此，它们在市场上没有定价，对于利润受到这类风险或不确定性影响的公司，投资者不需要支付额外的溢价。

以交通行业的风险为例，如航空公司面临着油价的不确定性。高油价会让航空公司受损，而低油价会让其获益。对于该公司的管理者来说，这或许是一项重大风险，但从股东的角度来看，这个因素并没那么重要。原因在于，股东可以通过同时持有包含交通企业和石油生产企业的投资组合来缩小风险敞口。无论油价如何变化，一方的收益都会与另一方的损失相抵消。多样化投资有助于缩小风险敞口，这体现了一个众所周知的投资建议："不要把所有鸡蛋放进同一个篮子里。"

哪些风险是不可分散？举个极端的例子，企业的一部分利润与其他所有企业的利润一起浮动，即随着整体的经济形势而发生变动。如果一家企业的利润在牛市中迅速上升，在熊市中大幅下降，那么它就是高风险企业。投资这些企业不利于分散投资组合的风险，因为它与组合中的其他资产同方向变动。相反，利润不会随着总体经济形势而发生剧烈变动的企业被视为低风险企业。黄金、软饮和公用事业都是受经济波动较小的行业。

资产回报率与净资产收益率对比

如何对比资产回报率和净资产收益率？如果公司没有债务，那么这两个指标是相等的。但是如果公司承担一笔债务（和相关的利息费用），那么净资产收益率可能会高于或低于资产回报率。我们将会看到，两者的关系取决于（1）与需要支付的利息费用相比，公司能凭借资产获得多少利润;（2）公司承担了多少债务。我们将其总结为杠杆影响。与物理学中的杠杆概念相似，经济领域中的杠杆也能够放大影响。当企业利润较高时，杠杆可以进一步将它提高;当情况较糟时，杠杆也会使之加剧。我们通过一个例子来说明这一点。

A公司和B公司的资产总额和收益率都相等，但资本结构不同。B公司的杠杆化程度较高（见表4-2）。

表4-2　A、B公司杠杆化程度比较

单位：美元

	A公司	B公司
资产总额	8 000 000	8 000 000
债务总额	2 000 000	4 000 000
所有者权益总额	6 000 000	4 000 000
资本总额	8 000 000	8 000 000
债务利率	10%	10%

我们看看如果基础资产的利润率发生了改变会发生什么。接下来，我们来计算一下，当（税前）资产收益率分别为5%、10%和15%时，A公司和B公司的净利润和净资产收益率有什么变化。以A公司的资产收益率等于5%为例，

其他情况同理。假如 A 公司利用 800 万美元的资产赚到了 5% 的税前收益，那么它的营业收入为 40 万美元。从这笔钱中，公司要拿出 200 万美元的 10% 作为利息，所以利息费是 20 万美元。这样税前利润还剩 20 万美元。假设税率为 35%，则公司应纳税 7 万美元，最后股东可获得的净利润为 13 万美元。用这个数字除以股东投资的 600 万美元，可得出净资产收益率为 2.2%。注意，利息费用是在计算所得税时可提前扣除的费用，所以我们将它先于所得税减掉了。

如果 A 公司的资产回报率提高，那么它的营业收入将会增长，但利息费用保持不变。所有额外利润（扣除所得税后）都归股东所有。净资产收益率也会相应地提高。对于 B 公司来说，计算方法类似，只不过 B 公司承担的债务更多，利息费用更高，因此它在每一种情况下的净利润都低于 A 公司。假设 B 公司的债务利率更高，那么它的利润就更少。然而，B 公司的股东投资也比 A 公司少。我们可以看到，B 公司的股东可能得不到收益，也可能得到超过 A 公司的收益（见表 4-3、表 4-4）。

表4-3　税前资产和回报率对 A 公司的影响

单位：美元

对A公司的影响	税前资产 回报率=5%	税前资产 回报率=10%	税前资产 回报率=15%
营业收入	400 000	800 000	1 200 000
利率=10%	200 000	200 000	200 000
税前利润	200 000	600 000	1 000 000
所得税税率=35%	70 000	210 000	350 000
净利润	130 000	390 000	650 000
净资产收益率 =净利润/股东权益	2.2%	6.5%	10.8%

表4-4　税前资产和回报率对 B 公司的影响

单位：美元

对B公司的影响	税前资产 回报率=5%	税前资产 回报率=10%	税前资产 回报率=15%
营业收入	400 000	800 000	1 200 000
利率=10%	400 000	400 000	400 000
税前利润	0	400 000	800 000
所得税税率=35%	0	140 000	280 000
净利润	0	260 000	520 000
净资产收益率 =净利润/股东权益	0.0%	6.5%	13.0%

接下来，我们将这些数据以图 4-1 的形式呈现出来。斜

率较小的直线代表A公司（杠杆化程度较低）的资产回报率，斜率较大的直线代表B公司（杠杆化程度较高）的资产回报率。

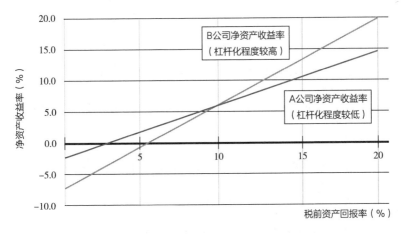

图4-1　财务杠杆对净资产收益率的影响

我们从上图和计算结果中能得出什么结论？如果公司的资产回报率和债务利率（税前10%，或税后6.5%）相等，那么公司承担了多少债务（或杠杆率有多高）都不会产生任何影响。公司通过债务融资的方式获得的额外收益全部属于债权方，不属于股东。

然而，如果公司凭借资产获得的收益大于债务成本，那么它的净资产收益率就会高于资产回报率。股东不需要再增加投资就可以获得额外的收益，所以投资回报增加了。另外，公司的债务越多，两个指标的差异就越大。B 公司（杠杆化程度较高）在这种情况下的表现要好过 A 公司。

另一方面，如果公司凭借资产获得的收益小于债务成本，它的净资产收益率就低于资产回报率。股东需要贡献出一部分自己的收益来偿还债权人。在这种情况下，公司的债务越多，股东的收益就越低。B 公司在这种情况下的表现要差于 A 公司。

我们可以得出一个结论：B 公司的高杠杆使它的股东权益比 A 公司的承担了更大风险。具体表现为三个方面：

（1）B 公司有更大的空缺要填补：它的利息成本是 40 万美元，A 公司只有 20 万美元。

（2）与 A 公司相比，B 公司必须获得更高的税前资产回报率才能实现收支平衡（即零利润）。我们将在第五章详细介绍收支平衡点。

（3）B 公司的净资产收益率对于营业收入和资产回报率的潜在波动更加敏感。

结论是，投资者和债权人都会将杠杆比率，包括债务股本比或资产负债率，作为预测风险和财务压力的重要指标。

在其他条件相同的前提下，杠杆比率较高的公司会支付更高的债务利息。

应承担多少债务

如何确定你应该承担多少债务？很显然，债务有一个缺点：它提高了企业破产的概率。那么好处在哪里？一个好处是，你支付的利息是可以在税前扣除的。相反，以股利或股份回购的方式向股东支付的收益则无法在税前扣除。税率较低的企业（非营利企业、损失较大的企业等）不会凭借债务而获得较大的税务优惠，所以不会以此方式进行大量融资。现金流较安全（流动性低）的企业可以承担更多债务，因为它出现导致违约的结果的概率较低。利率受到监管的公共事业单位便是一个典型的例子。主要持有有形资产的公司通常会借更多钱，因为出借方在借款方发生违约时能够控制或收回有形资产。无形资产则相对难以收回，尤其是商誉。占有某项资产的权利给出借方提供了额外的保护，也降低了与风险相对应的利率，后者对于借款方来说更有吸引力。

杠杆是一把双刃剑。一方面，它可以用来获得可观的收益。假设你收购了一家公司并提高其资产回报率（资产的使用效率），如果你以大量借款的方式来进行融资，那么收益就会扩大。这就是所谓的杠杆收购（Leveraged Buy-Outs）的原理。很多对冲基金都将持有大量债务作为投资战略；另一方面，杠杆化程度较高的企业在经济下行时尤为脆弱。它们没有足够的股权作为缓冲，以便在销售额下降时吸收损失。

债务的会计和计量问题

有些企业利用会计漏洞将负债从资产负债表中抹掉，把它隐藏起来，以此愚弄投资者。这种行为叫作表外融资。企业这样做的目的是让债务股本比看起来较低，让外人觉得公司的风险比实际要小，从而使该公司可以以较低的利率借到资金。

根据经验，租赁是企业隐藏债务的一种常见方法。选择购买还是租赁，这是一个复杂的决策，需要考虑多种因素。一般来说，租赁是取得资产使用权的一种更加灵活的、低成本的方法，尤其是在短期内。然而，从长期看，不断延长短期租赁协议的成本要高于直接购买资产的成本。在制定租赁合约时，税费以及由谁承担资产报废和贬值的风险都是重要的考虑因素。在做租赁决策或设计租赁合约时，除了这些业务因素，会计因素也发挥了重要的作用。根据会计准则，有些类型的租赁活动，如经营租赁，可享受优惠条件。具体来说，根据租赁合约承担的未来支付义务不需要作为债务被记录在企业的资产负债表中。因此，企业会尽其所能地将租赁变成经营租赁，从而避免在资产负债表中记录这项义务。因此，过去几年中涌现出了大量的经营租赁活动。

聪明的投资者和债权人都清楚这个把戏，于是他们在审核财务报表、评估企业信用之前会花费大量时间将相关的义务加回资产负债表中。这种"捉迷藏"的行为对社会没有太多价值。幸运的是，会计准则终于意识到了这种行为，因此它扩大了需要记录在财务报表上的租赁活动范围。从新准则生效起，租赁决策的会计影响将（有望）降低，企业可以更多地依据真实的业绩来做决策。

曾经针对雷曼兄弟公司破产的审查报告让我们看到了金融机构（或许还有很多其他企业）隐瞒债务的另一种方法。雷曼兄弟公司利用了一个事实，即资产负债表代表了企业在具体日期的财务状况。例如，企业年报只关注 12 月 31 日当天的债务水平。假设我们在 12 月 29 日将一部分资产卖掉，并在 12 月 31 日用这笔收益去回购债务，那么，根据 31 日资产负债表上的数字计算出的杠杆率会下降，使企业风险看起来更低。接下来，我们在 1 月 3 日将债务恢复到正常水平，只要在下个期末之前再次进行偿还，它就不会反映在资产负债表上。这一系列操作完全是合法的，但具有误导性。

雷曼兄弟公司便采取了这种方法，但没有真正将资产卖掉并回购。具体来说，它们在复杂的借款交易（即回购协议）中以证券作为担保，在此过程中，它们利用了一个会计漏洞：如果在回购协议中提供了额外担保，在记账中可视为卖掉了证券并持有了回购证券的金融衍生品合约。除了这种对自己有利的会计处理，为获得贷款而提供超出正常水平的额外担保也没有任何合理的商业目的，而会计处理的合法性则需要由法院来判定。

为了尽量不被卷入此类争议（和诉讼），你要时刻关注某项交易或合约符合什么样的业务目标。如果你找不到具体的目标，也许这样做只是为了应付会计处理或者让财务数字更好看，这时你也许有必要重新思考这样做是不是正确的。

在本章中，我们提供了一个框架，帮助你了解财务业绩背后的驱动因素，以及这些复杂的因素之间的相互关系。文中提到，股东的投资收益——资产回报率是关于企业资产的经营业绩和融资业绩的函数,可以用杠杆化程度来衡量。根据资产回报率计算出的经营业绩可以进一步分解为资产周转率和销售利润率。本章的分析与前一章中有关利润率的内容因此产生了联系。我们还介绍了如何计算资产的使用效率。最后,本章介绍了承担额外债务的成本和收益,可用于确定企业的最优资本结构。

第五章

如何解读成本信息

本章要点

1. 本量利分析

2. 特殊订单与客户分类

3. 资源限制

4. 成本分摊

5. 沉没成本为何（应该）无关紧要

在经历了濒临破产并获得政府的紧急援助后，2011 年，通用汽车公司面临着大幅削减开支或破产的选择。它不仅要生产高能效、低油耗、高品质的汽车，还必须通过低价销售来保持竞争力。通用汽车公司花费了 5 亿美元将位于密歇根州奥赖恩镇的小汽车组装厂进行了彻底改造。该组装厂的动力有 40% 来自垃圾填埋气，每年可为公司节省 110 万美元支出，温室气体排放和其他环境危害也因此有望大幅降低。通用汽车公司还与工会协商，将新工人的薪酬降至每小时 14 到 16 美元，约为老工人的一半。通过开展成本分析并大幅降低汽车的生产成本，通用汽车公司从破产边缘重新站了起来。

但它并不是唯一需要严格分析成本的企业。所有企业都需要分解自己的成本，不断制定新的战略，从而保持竞争力。

会计准则要求企业根据用途将成本进行分类。这是由于只有特定类型的费用才能计入产品成本——那些使产品达到可使用状态所必须付出的费用才能计入。对于制造企业来说，这包括生产成本（材料费、人工费和间接费用），但不包括销售费用、一般管理费用。这些费用要在利润表的不同行分别单独列出。这种成本分类方法可满足多种目的，但其他分类方法更有决策价值。对成本进行"交叉分析"，了解它的具体表现，可以帮助你做出更好的决策。导致成本发生变化的因素有哪些？变化幅度有多大？

本章以成本分析为主题，重点探讨以下内容：

- 为何要区分固定成本与变动成本？

- 了解边际收益在确定赢利能力方面的作用。

- 如何计算收支平衡点？

- 在决策中依赖单位完全成本有什么风险？

- 努力将"过剩产能"出售和变现，获得额外收入。

- 成本分配流程对产品赢利能力有什么影响？

- 什么是沉没成本？它为何无关紧要？

本量利分析

假设下面的表 5-1 代表了某公司上个月的业绩，而且预

计销售量将下降10%。利润是否也将下降10%，变成3 600
美元？答案几乎是否定的，哪怕其基本成本结构保持不变。
实际上，利润很可能会远远低于3 600美元。

表5-1　某公司上月利润表

单位：美元

收入	8 000
主营业务成本	（55 000）
毛利润	25 000
销售、一般管理费用	（21 000）
利润	4 000

我们预计利润将下降10%，前提是所有的成本与销量都
会成比例下降。换句话说，所有成本都是变动成本。这几乎
是不可能的。

相反，大多数成本函数都同时包含固定成本和变动成
本。固定成本是不随着活动水平（例如销售量）的浮动而发
生变化的成本。制造成本（包含在上表的"主营业务成本"
一行）包括工厂租金、工厂和设备的大部分折旧、生产管理
人员薪酬，等等。同样，销售、一般管理费用中也包含固定
成本，例如办公大楼的折旧、销售人员工资，等等。与之相

反，变动成本会随着活动水平的变化而变化。制造成本中的变动成本包括材料费、直接人工费，以及电费等工厂间接费用。销售、一般管理费用中的变动成本包括手续费、运输成本，等等。

将成本分为固定成本和变动成本（如表 5-2），可以帮助我们更好地预测未来的利润情况。

表 5-2　固定成本与变动成本

	固定成本	变动成本
制造成本	35 000 美元 / 月	2 美元 / 件
销售、一般管理成本	11 000 美元 / 月	1 美元 / 件

假设销售量为 10 000 件，那么制造成本等于 35 000 +（2 × 10 000）= 55 000 美元，也就是上个月利润表中的数字。销售、一般管理成本为 11 000 +（1 × 10 000）= 21 000 美元，同样等于利润表中的对应项目。

现在，假设销售量下降 10%，变成 9 000 件。收入和成本会有什么变化（如表 5-3）？

表5-3 收入与成本变化

单位：美元

收入	$8 \times 9\,000 = 72\,000$
制造成本	$35\,000 + (2 \times 9\,000) = (53\,000)$
销售、一般管理成本	$11\,000 + (1 \times 9\,000) = (20\,000)$
利润	$(1\,000)$

如果销售量下降10%，实际上会出现亏损！利润的下降幅度远远超过了我们的预期。现在，我们知道了成本的变化（图5-1体现了收入和成本与销售量的函数关系），那么利润是如何根据销售量变化而变化的呢？我们将前面的计算过程总结为一个公式：

利润 =（销售价 - 单位变动制造成本 - 单位变动销售及一般管理成本）× 销售量 - 固定制造成本 - 固定销售及一般管理成本

等式右侧括号中的部分就是我们所说的单位边际收益，其中的销售价包含生产和销售每件产品的额外变动成本。也就是说，这个金额代表每件产品为支付全部固定成本和最终获得利润所贡献的价值。结合上面的例子，每件产品的边际收益为 $8 - 2 - 1 = 5$（美元）。再回到之前对利润的预测，错误的原因在于我们简单地以为每件产品的利润会产生 0.40 美元的变化（即 4 000 美元的月利润除以当月销售量 10 000 件），但实际变动额为 5 美元。

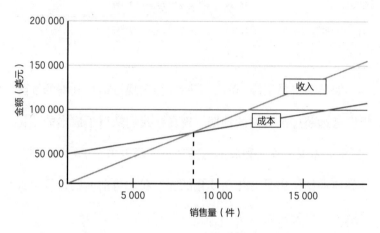

图 5-1　收入和成本与销售量的函数关系

根据这一信息，我们现在可以计算出利润随着销售量的具体变化。

利润 = 单位边际收益 × 销售量 − 固定成本总额

我们将利润作为销售量的函数来画图，可以看到当销售量为零时，利润等于固定成本总额的负数，即 −46 000 美元，在图 5–2 中处于直线与纵轴的交叉点。每销售一件产品，利润的增加额等于单位边际收益，也就是 5 美元。这就是图 5–2 中直线的斜率。

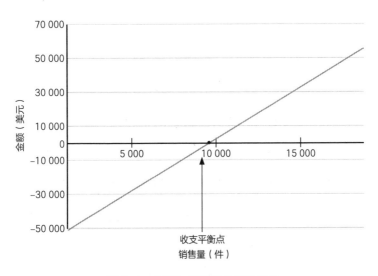

图 5-2 利润与销售量的函数关系

上面的等式可以用来预测既定销售量所产生的利润。我们也可以反过来，计算为了获得既定水平的利润需要卖出多少产品。其中最重要的是算出收支平衡点的销售量。

假设等式中的利润为零并计算销售量，可以得出：

收支平衡销售量 = 固定成本总额 / 单位边际收益

从上面的等式看，收支平衡点代表边际成本总额能够覆盖全部固定成本时的销售量。结合上面的例子，固定成本总额为 46 000 美元，单位边际收益等于 5 美元，因此收支平衡点为 46 000 / 5 = 9 200 件产品。这便解释了为何销售量下降至 9 000 件时会出现亏损：因为这个数字低于收支平衡点。

具体来说，9 000 件比收支平衡点的数额低 200 件，以单位边际收益为 5 美元来计算，总亏损为 1 000 美元，与前文计算的结果相等。

通过上面的计算，我们也能得出公司的安全边际（margin of safety），即现有销售量超过收支平衡点销售量的差额。在上面的例子中，现有销售量为 10 000 件，收支平衡点的销售量为 9 200 件；销售量减少 800 件以上才会出现亏损，因此安全边际为 8%。

理解成本、利润和销售量之间的关系对很多决策都有帮助，其中最重要的是评估新的创意、项目和产品的利润潜力。根据实际情况进行预测公司能卖出多少产品，然后计算出收支平衡点，看看能否接近这个水平。一般来说，答案是不能。在这种情况下，你需要放弃原有想法或者大幅调整成本结构。

本量利分析（Cost-Volume-Profit Analysis）是一种常用的电子表格分析方法，尤其适用于敏感度分析。它根据有关售价、成本和销售量的潜在假设变化来判断利润受到的影响。在最佳估计、乐观估计和保守估计的情况下，分别会产生什么结果？

　　成本行为信息也可以帮助我们研究其他的产品生产方式。不同的生产技术存在不同的固定成本与单位变动成本组合。举个例子，假设公司投入一大笔钱去购买自动化设备，那么生产一件新产品的变动成本会因此下降。但增加这么多固定成本是否值得？答案很可能取决于销售量的预计水平。如果销售量较高，那么单位变动成本就更重要；如果销售量较低，那么固定成本的影响就更大。利润与销售量的关系图能更直观地反映这种对比。

　　我们前面提到的收入和成本函数反映在销售量上是直线形式。根据这一假设，我们总结出了一个相对简单的公式。然而，我们有必要将更加复杂（且符合现实）的非线性函数运用到分析中。例如，随着产能的扩大，销售量的进一步提高，有一些成本会"逐步"增加。收入也可能是非线性的，因为我们可能要通过降低价格来提高销量。所有这些都可以利用电子表格模型轻松地表现出来。或许我们在实践中无法将所有因素都简化为前面的标准等式，但仍然可以根据数字来计算各种指标，并进行相关的敏感度分析。

特殊订单与客户分类

另一个有效方法是评估特殊订单以及针对不同类型客户的差别定价策略。举个例子，假设销售经理收到了一位新客户的采购申请，对方的心理价位是每件产品 7 美元，我们是否应该接受？我们的第一反应或许是拒绝，因为正常的销售价格为每件 8 美元。另一个原因是，这个价格低于产品成本（上个月每件产品的成本为 7.6 美元），所以这是一笔亏本的买卖。但是认真想想，情况并非如此。实际上，我们发现，每额外生产和销售一件产品的成本仅为 3 美元（变动成本）。

在前面计算出的 7.6 美元成本中，其余的 4.6 美元部分属于固定成本。也就是说，我们用固定成本 46 000 美元除以上个月的销售量 10 000 件，得出来的 4.6 美元表示每件产品的固定成本。这个数字非常具有误导性，因为它只是根据 10 000 件产品计算得出的。如果销售量增加，固定成本总额不会按照每件产品 4.6 美元来增加，而是保持不变。同时，每件产品分摊的固定成本反而会下降。出于这个原因，我们不能根据单位成本来做决策，最好根据成本总额来预测成本和利润的变化。

根据分析结果，我们发现只要价格超过 3 美元的单位变动成本，我们就能获利。因此，这是我们针对这笔订单愿意接受的绝对最低价格。此外，是否接受该订单还取决于它对其他收入的影响。具体来说，就是它会对公司按照正常的 8 美元销售价而获得的常规销售额产生多大影响？

很多行业都会想方设法地以更低的价格出售"过剩产能"。酒店业和航空业就是两个典型的行业。前者有空置房间，后者有空置座位，且新顾客的边际成本非常低。相关企业（在其他平台的帮助下）会以非常低的折扣价格将原本空置的房间或座位卖出，获得一些赢利。此外，餐馆会在下午18:00 前提供折扣套餐，汽车经销商会推出季末优惠。这些企业都遵循一个前提：并非所有客户都会等到季末才购买汽车，或者在 16：30 吃晚饭，所以提供优惠不影响他们以正常价格销售的产品和劳务的数量。结合前面的例子，如果长期客户不受影响，那么接受这笔特殊的订单是有利可图的，尽管它第一眼看上去会亏本。

资源限制

假设公司生产两种产品，根据前文内容，我们将成本进行分解，计算出产品 A 的边际收益为每件 5 美元，产品 B 为每件 3 美元。两种产品需要同一种资源，但数量有限。例如，一台生产机器在一个月内的运转时长存在上限，但生产两种产品都需要使用它。我们要如何分配产能：生产 A 还是 B？由于 A 的边际收益更高，所以生产它才是正确的选择，对吗？

但是如果每生产一件 A 的时间可以用来生产两件 B 呢？这时就不能根据每件产品的边际收益来对比了，而是应该用限制性资源的单位边际收益来对比。假设生产一件产品 A 需要 1 小时，也就是说以机器时间为标准，每生产一小时产品 A 的边际收益为 5 美元；由于生产一件产品 B 只需半小时，如果一小时的时间都用来生产 B，对于机器来说每小时的边际收益为 6 美元。因此，根据这些每小时边际收益的数字，我们发现应该将机器用于生产 B。只有当产品 B 的客户需求全部满足后还剩余一部分产能时，才应将机器用于生产 A。

这种分析方法还反映了扩大机器产能（例如采购更多台机器）的边际收益。如果产品 B 的需求仍未完全满足，那么每增加一小时的生产时间，额外收益为 6 美元；但如果 B 的需求已经充分满足，客户现在还需要 A 产品，额外收益就变为 5 美元。

在出现多种资源限制的情况下，原理是相同的，但计算出最优产品组合更复杂一些。有一些数学程序可以解决最优产品组合的问题，同时还显示了在不同的地方增加产能可以创造多少价值，从而解决资源限制问题。这种分析方法可以帮助你找出经营中的最大瓶颈，从而有针对性地降低或消除困难、提高生产效率，增加利润。

成本分摊

成本和利润的另一个问题在于，其中往往包含（强制）分摊的费用。假设有一家公司想要实现收支平衡。它生产两种产品，想了解每种产品的具体表现。公司知道如何区分固定成本和变动成本，并将赢利能力的各项指标计算如下（如表 5-4）：

表 5-4　产品表现分析

表现	产品1	产品2
单位边际收益	2美元/件	5美元/件
预计销量	30 000件	15 000件

续表

表现	产品1	产品2
边际收益总额	60 000美元	75 000美元
固定成本	70 000美元	65 000美元
利润	（10 000）美元	10 000美元

产品 2 有赢利，产品 1 没有。公司管理者放弃了生产产品 1，并认为通过避免它可能产生的损失，可以提高公司利润。他们这样做显然将失去产品 1 带来的收入，但这样做是否能避免产生成本？具体来说，如果放弃生产产品 1，公司的固定成本是否真的可以下降 70 000 美元？

如果答案是否定的，原因可能有很多，但最常见的原因是，产品 1 的成本结构包含了分摊成本，或者不会随着放弃生产产品 1 而下降的公司层面的成本。

假设每种产品的固定成本如表 5-5：

表 5-5　产品的固定资本

单位：美元

固定成本	产品1	产品2
可避免成本	55 000	53 000
分摊工厂间接成本	9 000	4 500
分摊公司间接成本	6 000	7 500

对于每种产品，一部分固定成本是可避免的，即专属于这个产品的成本，如果关闭了相应的生产线，就可以将它消除。然而，其他成本产生于其他层面（例如工厂或公司层面），并分摊在了这两种创收的产品上。从上面的数字看，工厂的间接成本是根据产量来分摊的，所以产品1的分摊额是产品2的两倍。公司间接成本是根据销售收入来分摊的，所以产品2承担得更多一些。即使产品1的生产线关停，公司也无法节省它分摊的间接成本。相应的公司和工厂职能仍然存在，相同的成本还会出现。如果没有产品1来承担这部分成本，它们就会被全部分摊给产品2。

因此，将产品1停产会导致它的60 000美元边际收益不复存在，同时却只能节约55 000美元的固定成本。也就是说，公司将损失5 000美元。产品1承担的所有公司和工厂的间接成本将重新分摊给产品2，这时产品2将亏损5 000美元，我们可能也会想将它停产。而一旦这样做，我们就会损失更多钱！在产品线多于两条的企业中，这将是一种恶性循环，随着你放弃了越来越多的产品线，就会迫使其他产品去承担更多的间接成本，情况将进一步恶化。

分摊成本往往占产品成本的一大部分。这种分摊往往是强制的，不代表产品实际消耗的资源和成本数量。有些更加复杂的成本计算制度（例如作业成本法）会根据因果关系来计算成本分摊，但这些制度的管理成本较高。我们要格外关注分摊成本的准确性；审查成本结构，找出哪些成本项目会根据自己的决策而变化。从上面的例子来看，除非在将产品1停产时可以大幅削减公司和工厂的间接成本，否则最好继续生产它。

沉没成本为何（应该）无关紧要

假设你在几年前以 1 000 美元的价格采购了一项资产，现在你需要决定如何处置它。有两种选择：现在以 3 000 美元的价格将它卖掉，或者在未来几年继续用它来生产产品。后面一种选择将带来的经济价值为 2 400 美元（已扣除未来的增量成本，并计算了货币的时间价值）。此后，该项资产的剩余价值为零。很显然，现在将它卖掉更划算，因为 3 000 美元的收益要好于 2 400 美元。同样，如果我们扣除了最初的采购成本，那么累积收益 3 000 – 1 000 = 2 000 美元也好于 2 400 – 1 000 = 1 400 美元。无论从任何角度看，现在将资产卖掉都比继续用它来生产产品划算。

如果最初的采购成本为 10 000 美元，结果会有差异吗？答案是否定的。你现在能做的就是依据目前的情况，尽量做出更好的未来决策。无论采购价是多少，它都是一笔沉没成本，目前无法改变。高采购价降低了每一种选择的利润率，但第一种选择仍然能多取得 600 美元的收益。你可能后悔为这项资产支付了高价，但这个事实已经改变不了了。

可惜的是，企业往往不会这样做决策。放弃一项资产表明你承认自己在采购它的时候就犯了错，而会计制度和业绩评价体系更是加剧了这些问题。现在出售资产会导致一笔亏损出现在利润表上，它后知后觉地表明你在之前做了一个错误的投资决策。然而，如果保留这项资产，就不必立刻冲销它的成本，你也可以延迟确认这笔损失。为了维护自己的面子（或者年终奖），你可能会做出一个不利于公司的决策：继续使用这项资产。当事人往往不会认为沉没成本无关紧要。有趣的是，如果一位没有参与最初投资决策的新管理者上台，他会选择做出相反的行为。他更愿意确认这笔投资的损失，并将其归咎于前一任管理者，从而为自己扫清障碍，并在下一年的时候凸显公司在过去一年中的进步（这是属于他的功劳）。

上面的例子告诉我们，一定要区分过去与未来的现金流量。在下一章，我们将继续深入探讨这个问题，分析如何评估涉及不同未来现金流量的战略。

第六章

评估投资机会：
贴现现金流量分析

本章要点

1. 战略决策经济价值的计算框架

2. 使用现值方法制定投资决策

3. 更高水平的战略决策

2011 年 6 月，知名的互联网企业谷歌公司投资 2.8 亿美元用于生产和安装家用太阳能板。尽管太阳能仅占美国能源需求的极少一部分，并且对普通人来说过于昂贵，大多数拥有住房的人都负担不起，但谷歌公司相信，未来的某一天，这笔 2.8 亿美元的投资将带来回报。谷歌公司绿色事业部总监瑞克·尼达姆（Rick Needham）解释道："我们的投资是具有商业意义的，我们愿意为了收益而承担风险。"

几乎所有重要的商业决策都会评估在不同的时点产生现金流量的活动。投资的本质就是一项现在付出现金，未来得到现金的活动。尽管投资新的项目会产生风险，但公司必须通过投资来实现成长和繁荣。旧的项目迟早会结束，所以为了保持增长和赢利，公司必须不断为自己投资。投资与农民播种一样，企业也要先播下种子，才能期待之后的收获。当然，企业有很多不同类型的投资可以选择，包括购买新设备、建造厂房、收购竞争对手、开发新产品，还可以投资无形资产，例如聘用更多员工。另外，它也可以开发新的业务线或者面向不同的受众（例如海外市场）开展营销。企业几乎有无穷无尽的选择。这些战略在需要的投资规模、取得收益的速度和风险程度上存在着天差地别。本章将介绍评估这些决策的重要工具。除了投资项目，这一框架还可用于评估长期负债，例如债券和养老金。华尔街分析人士也会利用这些工具来为公司估值。该框架也可用于处理个人财务问题，例如取得或偿还抵押贷款、储存退休金或子女的大学学费等。我们将主要探讨以下几点：

- 如何利用现值来判断涉及不同时点现金流量的决策是否正确？

- 如何计算现值？

- 一项投资要创造多大的收益才有价值？

- 项目取得收益的时长对其赢利能力有什么影响？

- 如何将风险纳入分析中？

- 估算未来现金流量的常见陷阱。

战略决策经济价值的计算框架

如何将不同类型投资的收益进行对比？本章的要点是理

解货币的时间价值。不同时间点的货币相当于不同的商品，不能互相替代。这与处理不同币种的货币价值的原理相同。假设你以 7.6 万元人民币的价格购买商品，并花费 300 美元来运输它，最后以 2 000 欧元的价格卖掉，很显然，你不能简单地用这些数字相加来计算收益或损失。相反，你要将这些数额转化为相同的币种，这里需要考虑市场汇率。

当你在不同的时间点支付或收到美元，也是同样的道理。你不能简单地将 5 年前投资的金额与现在得到的收益直接相减来计算投资利润。正如不同的货币存在换汇市场一样，不同时间点的同一币种也有交易市场，其汇率被称为利率。我们可以看到，不同时间点的美元价值不是 1∶1 的关系。换句话说，利率一般不等于 0，这意味着今天的 1 美元与 1 年后（或者 10 年后）的 1 美元价值不同。如果你忽略这个事实，就会做出很多错误的经济决策。

公司每天都会出现资金在时间上的向前或向后流动。未来的现金向今天流动代表借款，今天的现金向未来流动代表投资（或放贷）。现值方法可以帮助我们有效地对比不同时间点的资金价值，其中利率即代表汇率。举个例子，如果你在年初投资 1 美元，年利率为 8%，那么你年底就会得到 1.08

美元。因此，如果你了解现值原理，并且知道利率为 8%，那么无论是现在收到 1 美元，还是年底收到 1.08 美元，对你来说都是一样的。即使你不喜欢其中一种选择，你还可以接受另一种，因为两者的价值相等。

同样的道理，如果你投资 1 美元，年利率为 8%，期限为 n 年，那么最终你将得到的总数为（1.08）^{n} 美元。注意，终值的增长随着时间的增长不是线性的，它的增长速度会越来越快。这便是复利效应：后期计算利息的依据不只是你投入的本金，还有前期的利息总和。进一步概括，如果你今天以 r% 的年利率投资 1 美元，那么 n 年后得到的总数为（1+r）^{n} 美元。这就是 1 美元的本金按照 r% 的年利率投资 n 年后的终值。

更常见的情况是将这个过程反过来，也就是计算现值。具体来说，假设我们一年后将收到 1 美元，利率为 8%，那么这笔钱在今天的价值等于 1 / 1.08，即 0.926 美元。换个角度看，如果你在年初借到 0.926 美元，并按照 8% 的利率将它投资出去，那么在年底你将收回 0.926 × 1.08 = 1 美元。因此，按照 8% 的利率，一年以后将收到的 1 美元现在价值为 0.926 美元；同样，两年以后将收到的 1 美元现值等于 0.8573

美元。以此类推，按照 r% 的利率，n 年以后将收到的 1 美元的现值为 $1/(1+r)^n$，或者写作 $(1+r)^{-n}$。期限越长，1 美元的现值就越低。这就是为什么终值要进行贴现，因为它今天的价值小于 1 美元。

要将这个概念应用于项目或其他类型的决策场景，我们要用项目未来将产生的或将影响的现金流量来进行描述。我们将会看到，项目现金流量的现值代表项目增加或减少的经济价值。如果项目产生的现金流量现值为正，表明它为公司创造了价值；如果为负，说明它降低了公司的价值。对于两个不同的项目或活动，现值较高的一个表明它为公司创造的经济价值更高，公司应该优先开展。这些计算方法考虑到了现金流量的规模、时间和风险，如果计算准确，可以帮助我们合理地对比在这些方面各不相同的项目。

对于现值方法的实际运用，我们将它分为三个步骤。接下来，本文将简要介绍每个步骤，然后分别进行深入研究。使用电子表格来进行相关处理会更加方便。

1. 记录某一项目现金流入和流出的时间轴

这一步需要你标出未来现金流量的规模和具体时间。假设某项决策将产生的现金流量如下，其中 C_t 代表第 t 期的现金流量。

时期	0	1	2	3	...	T
第 t 期现金流量	C_0	C_1	C_2	C_3	...	C_T

我们将现金流入用正数来表示，现金流出用负数来表示。一般来说，第 0 期的数额代表现值，第 1 期代表一年后，以此类推。

上面的时间轴必须包含受到评估决策影响的所有现金流量，不受影响的现金流量不属于这里的分析范围。在某些情况下，现金流量的时间和规模有明确的合同记录（例如债券）。但大多数时候，现金流量需要估算，这往往是该分析所涉及的最大挑战，也会耗费很多时间。

2. 确定现金流量的利率（也称为贴现率）

最合适的贴现率等于其他同等风险的投资所实现的收益率。在与外部市场打交道时，贴现率等于市场收益率。在公司内部，贴现率往往被称为最低预期资本回收率（hurdle rate）或资本成本。公司在决定选择哪个项目时可以自行确定其内部收益率，但在理想的情况下，它应该与外部市场的收益率保持一致。原则上，合适的收益率取决于项目的风险，高风险项目必然伴随着更高的收益率。因此，公司所有潜在项目不一定适用于相同的贴现率。贴现率往往由财会部门确定，作为非财务管理者，你不一定需要承担这项职责。为简化计算，我们假设贴现率不会随着时间的推移而变化，但下文的计算方法也能完全适用于随时间变化的贴现率。

3. 将各个时期的现金流量计算为同一时间点（通常是现在）的价值，并将结果相加

这个步骤叫作折现。当你熟悉所有相关问题时，你会发现这一步是最简单的。计算器和电子表格中都包含多种预设的现值计算函数，你要做的就是在电子表格中将未来的现金流量一笔笔列出，然后再指定贴现率的值，它就会自动进行运算。

使用现值方法制定投资决策

我们现在可以根据现值方法来计算未来一段时间内不同现金流量的现值。接下来，请思考一个经典的投资场景，即

现在付出的现金有望创造未来收益。首先，我们举个简单的例子，然后添加一些复杂（和现实）因素。简化的场景有助于我们看清现值的重要意义。

回到本章开头提到的谷歌公司的例子，假设我们要购买太阳能板，价格为 10 000 美元，以现金支付。它创造的未来收益来自电费的下降。具体收益水平取决于阳光是否充足、电价是多少，以及太阳能板的寿命有多长。在解决这些问题的过程中，我们将收益性质稍做改动，突出关键点。首先，假设我们期待未来收益期为一年，第一年电费（于年底缴纳）可以节省 10 500 美元。公司其他现金流量不受影响。

根据这些信息，投资购买太阳能板对公司现金流量的影响如下：

单位：美元

时期	0	1
第t期现金流量	− 10 000	+ 10 500

现在（第 0 期），我们要支出 10 000 美元现金，作为回报，一年后（第 1 期）我们将节省 10 500 美元的现金支出。这看起来很划算，我们得到了 500 美元的收益，对吗？

　　但我们还没有考虑货币的时间价值。假如我们也可以将这笔钱投资到别处，在同等风险下能获得 8% 的投资收益。现在，节省 10 500 美元电费就没那么有吸引力了。如果我们将这 10 000 美元以 8% 的利率投资于其他地方，年底就能得到 10 800 美元。用这笔钱支付电费后，仍然有 300 美元的结余，可用于其他开销或支付股利。因此在这种情况下，投资购买太阳能板就不是一个好的投资决策。

　　一年以后多赚 300 美元与现在多赚 300 美元的效果不同。这里可以使用现值方法来进行对比。如果利率是 8%，那么一年以后的 300 美元现在相当于现在的 300 / 1.08=277.78 美元。因此，投资太阳能板的决策会让我们现在少赚 277.78 美元。

　　可以简化上面的计算，算出第 1 期现金流量的现值：

单位：美元

时期	0	1
第 t 期现金流量	− 10 000	+ 10 500
第 t 期现金流量现值	− 10 000	10 500 / 1.08 = 9 722.22

净现值总额 = −10 000 + 10 500 / 1.08

　　　　　　 =−10 000 + 9 722.22

　　　　　　 =−277.78 美元

现在（第 0 期）的现金流量 10 000 美元即代表现值，无须再做任何调整。第 1 期收到的 10 500 美元要用现在的价值来表示，即用这个数字除以 1.08。这表明未来节省的 10 500 美元放在今天仅值 9 722.22 美元。这相对于原始投资减少了 277.78 美元，代表投资这个项目将会产生的损失。

未来应节省多少电费才能让这笔投资看起来更加合理？答案很明显：至少节省 10 800 美元，与另一种投资选择的收益相等。换一种说法，投资于太阳能板的收益需要至少达到 8%，这是我们的资本成本。投资 10 000 美元得到 10 500 美元的回报，相当于投资收益为 5%，低于资本成本，所以这是一笔亏本的买卖。

接下来，我们改变一下收益的性质。假设未来两年的预期收益为 5 500 美元，其他条件不变。注意，11 000 美元的总收益不仅超过了初始投资成本，还超过了 10 800 美元的收益门槛，所以这看似是一笔划算的投资。但这并不一定真的划算，因为收益期更长了。当现金流量在更长的期限内分摊时，它的数额必须更大，才能确保投资是值得的。由于收益期的延长让人很难一眼看出它的现值是否为正数，我们来计算一下：

单位：美元

时期	0	1	2
第t期现金流量	-10 000	+5 500	+5 500
第t期现金流量现值	-10 000	$5\,500 / 1.08$ $= 5\,092.59$	$5\,500 / 1.08^2$ $= 4\,715.36$

现值总额 $= -10\,000 + 5\,092.59 + 4\,715.36$

$\qquad\qquad = -10\,000 + 9\,807.95$

$\qquad\qquad = -192.05$

与之前一样，初始现金流出已经表现为现值，所以不需要调整。第一年节省的电费需要向前调整一年，应该除以1.08，所以一年后节约的5 500美元的现值为5 092.59美元。第二年节省的5 500美元需要向前调整两年，应该除以1.08^2，现值等于4 715.36美元，这个数字远低于第一年节省金额的现值。总体来说，上面的计算结果表明未来收益的现值等于9 807.95美元，低于原始投资成本。在这种情况下，该项目使得公司亏损了192.05美元。

为了验证现值方法背后的原理，下面我们来计算一下，按照8%的利率将10 000美元投资于其他地方会出现什么结果。在第一年年末，我们将得到10 800美元。支付了当年的 5 500 美元电费后，还剩 5 300 美元。接下来，我们将这 5 300 美元再次按照 8% 的利率投资一年，到第二年年末将得到 5 724 美元。这个金额完全能够覆盖第二年的电费，甚至还有 224 美元的结余。此外，两年后的 224 美元放在今天相当于 192.05 美元，正好符合之前的计算结果。综上，无论按照终值还是现值计算，投资于太阳能板在这里都不是一个好的决定。

这就是现值计算（与市场）的魅力。假设我们开展了两个项目，A 和 B，项目 A 的现金流量现值要高于项目 B。现值高意味着我们可以利用市场进行借款和放贷。调整项目 A 的现金流量，使之与项目 B 的现金流量相等，并获得结余。这表明项目 A 是首选项目。如果我们不喜欢项目 A 产生现金流量的时间，可以利用资本市场来将它改成所选期间的对应价值。现值最高的项目就是我们的首选项目。

如果收益期为 3 年，甚至 10 年、20 年，应该怎么计算？你可以想象到，这个计算量非常大。可以借助计算器和电子表格，不必单独计算每一笔现金流量的现值。对于每一期的现金流量都相等（我们称为年金）的特殊情况，有人将它的现值总结为下面的公式：

年金现值 = A [1 – (1 + r)$^{-n}$] / r

其中 r 为贴现率，n 代表年金期数，A 代表每一期的现金流量。专用财务计算器和电子表格中也设置了该公式。例如，在 Excel 表格中可以用 PV 函数来计算年金现值，你需要填入的是贴现率、期数和年金。

具体来说，假设投资太阳能板将带来 5 年的收益，每年为 2 800 美元。每一笔现金流量的现值计算结果如下：

单位：美元

时期	0	1	2	3	4	5
现金流量	–10 000.00	2 800.00	2 800.00	2 800.00	2 800.00	2 800.00
现金流量现值	–10 000.00	2 592.59	2 400.55	2 222.73	2 058.08	1 905.63

接下来，我们将所有现值相加，得到现值总额：

现值总额 = – 10 000 + 11 179.59

　　　　　 = + 1 179.59 美元

上面的现金流量为第一年支付 10 000 美元，后面连续 5 年每年得到 2 800 美元。根据年金公式，我们可以算出按照 8% 的利率，每年支付 1 美元、连续支付 5 年的现值等于 3.993 美元，所以各期现金流量的现值总额与上面计算的结果相同：

现值总额 = − 10 000 + 按照 8% 的利率、连续 5 年每年收益 2 800 美元

= − 10 000 + 2 800 × 3.993

= − 10 000 + 11 179.59

= + 1 179.59 美元

在这个例子中，现金流量现值为正数，表明该项目给公司创造了价值。如果我们将初始资金 10 000 美元按照 8% 的收益率投资到其他地方，就无法得到与投资太阳能板相等的现金流。因此，该项目的资本回报率一定高于 8%。那么具体是多少？为了计算出这个数字，我们需要让初始投资成本与后面各期的现金流量现值完全相等。也就是说，整个项目所有现金流量的现值为零。我们将其称为该项目的内部收益率（IRR）。我们可以通过反复试验，或者使用计算器或电子表格函数来计算它。在 Excel 中，计算内部收益率的工具是 IRR 函数，我们需要在单美元格中将每一笔金额填入，随后系统会自动生成结果。这个例子的内部收益率为 12.4%，高于 8% 的资本成本，表明该项目的现值为正（根据 8% 的资本成本贴现率来计算）。

下面，我们会将一些常见的复杂情况考虑进来，包括通

货膨胀和税金。然后我们将探讨一些高层战略决策中出现的问题，其中会涉及很多财务报表项目。

通货膨胀

一个常见的错误是根据现在的价格和成本来估算未来的现金流入和流出，并据此预测未来的销售量和投入量。在上面的例子中，我们假设连续 5 年每年节约 2 800 美元电费。这个数字源于将两个数值相乘：预计节省的电量（千瓦时）和当年的电价。即便每年节省的电量相等，但是电价会一成不变吗？在大多数行业，价格和成本都会随着时间而变化。最常见的原因是通货膨胀，它会导致价格和成本随着时间趋于上涨。如果不考虑通货膨胀因素，我们就会严重低估项目的现金流量现值。

举个例子，假设在第一年以后，我们预计电价将每年上涨 5%。这意味着我们在第二年将节省 2 800 × 1.05 = 2 940 美元；第三年将节省 2 800 × （1.05）^{2} = 3 087 美元，以此类推。我们从下文中可以看到，在此基础上算出的收益现值要远远高于最初的预期。

单位：美元

时期	0	1	2	3	4	5
根据第一年计算的节省费用		2 800.00	2 800.00	2 800.00	2 800.00	2 800.00
通胀调整系数		1	1.05	1.1 025	1.157 625	1.21 550 625
现金流量现值		2 800.00	2 940.00	3 087.00	3 241.35	3 403.42

随着时间的推移，通货膨胀提高了收益的价值，在一定程度上抵销了现金流量的贴现值。现在，按照8%的贴现率计算出的收益现值为12 262.53美元，减去原始成本得到的现值总额为2 262.53美元。项目的收益率提高到了15.9%。注意，由于每一期的现金流量不再相等，所以不能使用年金公式。好消息是，计算器和电子表格中都已经设置了计算复杂的现金流量的公式。

很显然，通胀率提高或通胀期限延长会加剧它的影响。在针对多种类型的收入和费用做决策时，要记住，并不是所有的项目都要按照相同的通胀率来计算。事实上，在很多高科技行业，价格和成本往往会随着时间的推移而下降，而非上涨。

税金

别忘了缴税！如果节省电费使公司的利润增加，那么我们就要缴纳更多税金。这也是一项高额成本，通常占利润的30%到40%。计算税金并不是将税前现金流量乘以税率这么简单，它的计算依据是你向税务机关上报的利润总额，而不是税前现金流量。这种时间上的差异很关键，货币的时间价值也是本章讨论的重点。

一般来说，在这方面产生最大差异的投资项目是不动产、厂房和设备。采购这些固定资产的金额往往不会在当年直接从税收申报中扣除，相反，该资产会在很长的时间内逐年折旧。因此，公司无法立刻从这笔现金流出中享受税收优惠。但其实最终扣除的总金额是相等的，只不过是在未来多年中分笔扣除的。

为了证明这一点，假设税率为30%，购买太阳能板的初始投资成本为10 000美元。如果在报税的第一时间将这笔钱扣除，那么本期的税金就减少了3 000美元。但是我们要将这项资产在它可使用的期间内逐年折旧，也就是说，税金不会立刻减少3 000美元。税法明确规定了不同类型资产的使用寿命和折旧方法。一般的折旧速度会快于我们在财务报表中使用的直线折旧法（10 000 / 5 = 2 000 美元 / 年）。下表给出了按照加速折旧法计算的折旧额（前期年折旧额超过 2 000 美元，后期低于 2 000 美元）。根据这种方法，前期的应税收入减少，应纳税额也相应地减少。

单位：美元

时期	0	1	2	3	4	5
初始投资成本	-10 000.00					
税收折旧额		3 300.00	2 700.00	2 000.00	1 300.00	700.00
折旧税盾（税率30%）		990.00	810.00	600.00	390.00	210.00

节约税金的现值（按照 8% 计算）等于 2 516.99 美元。相反，如果税法要求使用直线折旧法，那么节约的税金将推迟到将来，其现值等于 2395.63 美元（按照 8% 的利率计算的 0.3 × 2 000 美元的年金现值）。某些类型的投资（例如购买太阳能板）可以享受特殊的税收优惠或者适用较低的税率。最好与税务部门确认一下，以确保你计算的税金是正确的。

将目前考虑到的所有因素结合起来，重新计算该项目的现值。由于该问题涉及多种因素，我们可以逐个分析不同类型的现金流量，这样会更清楚一些。

单位：美元

时期	0	1	2	3	4	5
初始投资成本	−10 000.00					
节约电费税前金额		2 800.00	2 940.00	3 087.00	3 241.35	3 403.42
节约金额税金		−840.00	−882.00	−926.10	−972.41	−1 021.03
折旧税盾		990.00	810.00	600.00	390.00	210.00
对税后现金流量的影响总额	−10 000.00	2 950.00	2 868.00	2 760.90	2 658.95	2 592.39
现金流量现值	−10 000.00	2 731.48	2 458.85	2 191.69	1 954.40	1 764.34

现金流量有 4 种类型：初始投资、投资税盾（当期不会发生）、节约的电费金额，以及节约金额的税负（与节约金额同期发生）。税后现金流量的现值总额为 1 100.76 美元，项目的内部收益率等于 12.2%。所以，投资太阳能板仍然是一个有利可图的决策。

更高水平的战略决策

对于更高水平的战略决策，例如引进新产品、在新的地点开办业务、收购另一家公司等，利润表、现金流量表以及资产负债表上的几乎每个科目都会受到影响。现值标准仍然适用，计算方法与前文所述相同，只不过有更多的科目需要预测。

在很多更高水平的投资决策中，投资决定的做出、投资成本的产生、何时开始取得收益之间有更长的时间间隔。其中的原因在于，必须首先完成研发活动、建造生产设施、获得主管部门的批准，等等。上市时间也是一个重要的考量：首先，产品投放市场的速度越快，现金流量的价值就越高，贴现现金流量法可以有效地评估不同的加速产品上市的决策对公司赢利能力的不同影响；其次，上市时间越长，竞争对手给你致命一击的风险就越大。一旦出现这种情况，未来的现金流入不仅会延迟，还会减少！公司需要不断进行投资来保持领先地位，并且清楚取得投资回报的窗口期很短。

要记住，现值的计算是基于将未来的**现金流量**贴现，而不是将未来的**会计利润**贴现。这是由于换汇市场交易的是货币，而不是会计利润，尽管后者在计算中也有重要的影响。首先，我们从上文中可以看出，利润影响着现金流量中一个要素的计算：税金。其次，对于一个项目，人们的第一印象往往是它能创造多少收入，以及它的生产周期有多长、能否满足销售需求。然而，在分析的过程中，你要弄清楚收入何时能变成回款，以及生产产品的开支何时实现。因此，了解利润和现金流量（分别属于第一章和第二章的内容）之间的关系是计算某项新的战略、引进的产品或投资项目的未来现金流量现值的重要前提。

实际上，对于涉及财务科目较多的项目来说，我们最好预测出一套完整的财务报表，包括资产负债表、利润表和现金流量表。会计准则强制要求三张报表保持一致，这可以确保上面所记载的时间是正确的。举个例子，预测一张资产负债表，其中包含短期资产（例如应收账款和存货）和长期资产（例如不动产、厂房和设备），可以确保你合理且清楚地记录收益和现金流量以及现金流入和流出之间的超前和滞后关系。如果根据预测，你发现现金流入和流出之间存在很长的时间间隔，那么你可以借此机会去考虑另一种融资机制。确保经营计划和投资计划与资产负债表的另一边（资本结构）保持一致，这也是复核所有项目的内部一致性的重要方法。

下面几个用于预测未来现金流量的框架与第三章和第四

章探讨的内容完全相同。我们首先从收入谈起，来看一下它的水平、产生时间和增长率。预测出收入流量之后，我们还要预测产生这些收入需要支付的费用。在此基础上，我们可以算出利润率，并编制利润表。另外，我们还要计算出为达到创造这些收入的足够产能须耗费多少资产，以及在资产能够生产产品、劳务之前应该有多长的准备时间，等等。

项目收入

企业成功的最大动力是收入，在预测新产品和战略计划相关的未来现金流量时，它往往是最难预测的一项内容。我们需要了解客户的品味和需求，并预测其他公司的竞争反应。很显然，收入增长率提高、增长期限延长将对未来收入的现值产生巨大影响。哪些因素将会影响到收入的增长期限？根据前文内容，它取决于竞争对手发布的类似或更先进产品的速度。受影响最大的是涉及高科技产品的快速变化的领域。另一方面。如果准入门槛较高，例如受到专利保护、需要投入大量资本或者有极高的专业技术要求，那么竞争对手加入的速度就会大大放缓，因此有助于提高现金流量的现值。

预测未来费用

了解成本结构非常重要，我们可以从利润表中寻找信息。公司的生产、营销和研发成本有多高？其中固定成本和变动成本分别是多少？这些成本将何时产生？记住，折旧不是现金流量，在将利润转化为现金流量时应将折旧额扣除。

营运资本

对销售量和销售成本进行初步预测后，我们如何将它们转化为现金流入和流出，从而进行现值分析？首先，我们必须了解营运资本的概念及其重要意义。营运资本是指公司除现金以外的流动资产和负债，包括应收账款、存货、应付账款等。如果现金回款发生于销售收入之后，那么未收回的销售额以应收账款的形式记录在资产负债表中。公司已经采购（或建造）但未出售的资产属于资产负债表中的存货。已经在利润表中确认但尚未支付的费用属于资产负债表中负债部分的应付账款。我们可以在现金流量表中看到将净利润转化为经营活动中的现金流量所做出的调整。

在利润表中确认资产与现金流入和流出的实际发生之间的时间间隔可以被看作是营运资本投资。在计算贴现现金流量时，我们必须预测营运资本投资的规模和回报期限。以应收账款为例，该项投资的规模取决于现金销售额和赊销额，投资期限取决于回款周期、客户的预期信用度等。应收账款投资通常与销售收入成正比，第四章中介绍过的应收账款周转率可用于相关的评估。

同样，利润表上的主营业务成本金额的产生时间也会晚于产品的生产时间。两者之差代表存货投资。该投资的规模取决于我们如何平衡存货的成本和收益：保留存货就会增加成本，包括存货的淘汰、遗失、损毁等风险。投资期限取决于生产周期以及公司希望保留作为缓冲的存货数量。第四章中介绍过的存货周转率可以帮助我们计算其他产品的存货投资期限。

与其他项目的相互影响

在分析新的项目对公司赢利能力的影响时，最复杂的一点是预测该项目与其他项目之间的相互影响（有时也称为外部效果）。其中的挑战性在于，有很多种潜在的相互影响需要考虑。从收入的角度看，新推出的产品或许会吞掉其他产品的收入。如果要确定一系列新产品的上市时间，就必须谨慎地平衡新产品增加的销售量与旧产品损失的销售量；另一方面，新产品有时会提高其他产品的销售量。从成本的角度看，新的项目是否要求采购新的资源？它是否能提供额外产能，帮助其他项目取得附加收益？还是会限制其他项目对共享资源的使用？最难量化的一个外部因素是通过开展一个项目所获得的（有关技术或竞争环境的）**信息**有多少可以用于调整其他领域的决策，或者帮助管理者做出未来的其他战略选择。

贴现率的选择问题

某个项目的现金流量适用的贴现率应该是公司（及投资者）可以在同等风险的投资中取得的收益率。这是财务部门应该面对的问题，但你必须清楚该部门遵循了哪些政策，以及它对你计划开展的项目的现金流量现值有哪些影响。要计算某个项目的贴现率，你首先要关注公司的加权平均资本成本。前文提到过，它是公司的债权人和股东（即公司资本的提供者）所期望的收益率之和。从广义上看，它代表了公司所有项目的收益，也可以理解为公司每个项目的"平均"贴现率。理想情况下，单个项目的贴现率应该根据项目的实际风险水平与平均风险水平的对比进行上调或下调。

很多公司发现，针对每个潜在项目计算一个贴现率是不现实的，因此它们将项目分成不同的类型，并为每种类型计算贴现率。一些不确定性较强的项目（通常涉及大量的研发工作、未经检验的技术，或者政治经济环境不稳定的国外市场）的现金流量贴现率非常高（几乎是公司加权平均资本成本的两倍）。风险较小的项目（例如开发新产品）的收益率或许可达到公司加权平均资本成本的 1.5 倍。涉及扩大公司规模的战略贴现率等于加权平均资本成本。更加稳妥的项目（例如使用较为常用的技术进行成本改善）则以较低的利率进行贴现，差不多等于公司加权平均资本成本的 0.75 倍。

有时候公司会不愿意做这种区分，而是直接针对所有项目使用相同的贴现率。尽管这样做公司免去了针对不同风险和贴现率单独做出决策的麻烦，但这种做法是非常危险的。如果你在所有项目上使用相同的贴现率（或最低预期资本回收率），就会导致较稳妥的项目看起来比实际价值更低（因为你以过高的利率将它的现金流量进行了贴现），同时让风险较高的项目看起来更有价值。因此，最终选择的项目组合现金流量的实际风险比看起来的更高。

还有一些公司会通过其他简单的方式来调整风险和不确定性。投资回收期法就是一个例子。该方法会根据项目初始投资的回收速度来评估项目。举个例子，由于公司政策的限制，管理者或许只能选择投资回收期不长于三年的项目。这种政策存在两个严重问题。首先，仅仅考虑返还的投资而忽略了该投资的机会成本。如果你只想把本金收回来，那么一开始就没必要进行投资。让我们回到前面的太阳能板的例子，最早的两种投资决策分别是在一年后和两年后将初始投资成本返回，但两个决策都很糟糕，它们的收益率都没能达到资本成本。其次，投资回收期法忽略了项目在门槛日或截止日期以后将产生的现金流量，无论有多么可观。例如，在最后一个考虑到通货膨胀和税金的例子中，项目在四年内都没有回收初始投资，但现值为正，因为第四年和第五年的收益非常高。

另一个好于投资回收期法的"简单"方法是根据内部收益率去选择项目。内部收益率的一大优势在于，在计算它时不必指定贴现率。然而，你仍然需要设置一个最低收益率，用来筛选项目。从前文的例子来看，我们能接受的项目应该拥有 8% 以上的内部收益率。此外，高风险和低风险项目的门槛收益率应有所区别。即使不考虑风险，内部收益率最高的项目也不一定拥有最高的现金流量现值。最后，前面例子中这种现金流量形式较简单的项目的内部收益率很容易计算，但比较复杂的现金流量并不容易计算（即使利用电子表格）。例如，如果第一期和最后一期的现金流量为负（由于项目终止或处置成本的影响），中间为正，那么内部收益率不是唯一的。也就是说，有不止一个贴现率，会使项目全部现金流量的现值等于零。

公司在计算最低资本回报率时往往会有意使内部资本分配高于外部资本成本。一个原因在于，公司想要"抵消"未来现金流量收益的过高预期。接下来，我们将详细探讨这个问题。

乐观、偏见与敏感性分析

完成前面所有步骤以后，我们就可以批量处理数字了。计算项目未来现金流量的净现值，通过电子表格计算出的结果可以精确到分，但是这种精确度并不真实。最终得出的数字并不比分析中的假设更加准确。你需要面对的一个大问题是，预测结果往往会高于现实，因为推荐该项目的人过于乐观。项目就像他们的孩子一样，因此他们只能看到最好的结果：该项目可以创造收入，取得开创性的成果，还能帮助管理者升职加薪。它能带来的积极成果往往好得不真实，实际上也是如此。此外，如果管理者发现项目现值并没有达到期望，他们有时会故意提高预期收益。

因此，我们必须退后一步，更加严格地审视这些数字，分别在乐观、保守和最佳估计的情境下重新进行计算。为了简化这个过程，可以重新设计电子表格，将所有重要的假设都放在同一个区域，这样更容易修改。采用这种方法而非那种方法来调整项目，会产生什么结果？与预期相比，该项目的收益降低多少将会出现亏损？有一些计算机程序包（包括在常用的电子表格程序中添加的插件）可以帮你画出利润的概率分布。

投资审批流程是另一种重要的制约方法。规模较大的投资一般需要更高层级的审批，最大规模的投资，包括企业并购，需要经董事会通过。理想的情况下，审批不是简单地在管理者的建议书上签章，而是能够在两方面提供价值。首先，审批人员提出疑问，从而暴露出项目提出者没有想到的问题。其次，其他管理者和总监往往有着丰富的经验，可以针对项目的完善提出建议。

本章提出了一个框架，帮助你计算出决策和战略为公司创造的经济价值。贴现现金流量方法的一个最主要的好处在于，它不会短视地关注短期利润或销售量；相反，它衡量的是长期经济价值。因此，你可以利用这一方法来有效对比收益期限不同的战略。货币的时间价值是该方法中涉及的一个关键经济概念，要准确计算这个值，你需要估算出可能受到战略决策影响的现金流入和流出的具体时间。因此，你必须有能力将战略中所包含的未来交易和事项具体展开，然后将它们转化为预期利润表和资产负债表，并最终变成未来现金流量。

除了帮助你决定选择哪些投资决策之外，这些预期财务报表也提供了评估投资决策具体执行情况的基准。你可以利用第三章和第四章介绍的工具来分析业绩，重新评估战略，并做出相应的修改。财务报表是重要的信息来源，既能看向未来，确定投资方向，也能看向过去，了解公司的以往表现。掌握财会技能的管理者在"投资、评估和调整"这个无限循环的各个阶段都会有优势。

结语

在本书中，我们介绍了公司管理者必须掌握的一套重要工具包。这些人每天都会做出一些影响公司利润的决策，他们需要持续评估企业战略效果，并制定新的战略来帮助公司成长壮大。财会技能可以帮助管理者读懂业绩信息，了解需要收集哪些额外信息，以及如何用这些想法对财务数字的影响进行量化，并参与到有关财务影响的战略讨论。

我们介绍了财会领域的词汇和语言——将业务往来和经济事项转化为三张基本的财务报表，包括资产负债表、利润表和现金流量表。除了解读财务报表上的单个科目外，我们还探讨了它们之间的相互关系。与学习其他新的语言一样，迅速提升这些新技能的最好办法是在实践中运用它们，也就是利用真实的财务报表进行训练。上市公司的年报中都包含向股东公开的财务报表，还有向证券交易委员会提交的 10-K 表格。你可以找来一份公司年报，认真阅读。在这个过程中，你不仅能运用新的财会知识，还会加深对公司的了解。

　　首先你可以粗略地浏览报告，了解它的总体结构。你可能会惊讶地发现报告内容非常多。年报一般会首先用较长的篇幅介绍公司及其产品，并凸显公司业绩。这份材料在很大程度上是未经审计的，公司有较大的自主权，可以决定介绍哪些内容，淡化或排除哪些内容。例如，如果公司的消费者满意度较高，那么它可以强调这一点；如果调查结果不尽如人意，它可以完全回避这个话题。下一个部分就是财务报表。最后还有几十页附注。附注提供了支持信息和细节内容以及构成财务报表基础的假设。

　　浏览完一整份报告后，你可以直接翻到财务报表部分。其中大多数内容看起来很熟悉，但有个别科目是新的。不要惊慌，因为每一次回头翻看财务报表，你都会找出更多信息。现在，我们按照第三章和第四章的内容做一些计算。先从利润表开始。公司收入是多少，增加了多少？公司是否取得了利润？计算利润率，找出从收入中扣除的成本有哪些。有没有对利润产生重大影响的"一次性"科目？接下来，对比去年和前年的财务报表，看看去年资产负债表中的资产构成与今年的相比是否有较大的变动。计算公司的资产回报率和净资产收益率，看看哪个更高，与公司的杠杆有什么关系？公司承担了多少债务？公司的资本结构是否有较大变化？公司最主要的资金来源和用途有哪些？公司是否为未来项目做出了大笔投资？公司支付了多少股利？

完成上面的计算后，你需要回到年报的第一部分，找到"管理层讨论与分析"一节。在这里，公司提供了更加完整的关于业绩的讨论，并对比了当年与以往年度的业绩。如何将这部分内容与你在研究财务报表时得到的信息进行对比？公司还说了什么？要注意，报告中有一节提到了公司面临的风险因素，还有一节介绍了关键的会计政策，其中阐述了涉及最多的主观判断、对财务报表影响最大的会计政策。

最后，你需要翻到附注部分。这部分的内容比较密集，很多读者都会跳过它，希望你不要犯同样的错误，因为这里包含大量有用的信息。慢慢阅读，一次只关注几个点，并深入研究。如果出现了新的概念，试着理解它的含义。如果公司在年报中没有给出这个词的定义，你可以自行上网查找。看看公司是否在附注中提供了有关各个部门的业绩信息。阅读完公司的年报后，再找一份竞争对手公司的年报，按照同样的方法进行研究。

将所学知识运用于实践的另一种简单方法是阅读商业新

闻。报纸、商业杂志和互联网每天都会发布一些有关企业财务问题的文章。坚持阅读这些文章，你会发现读得越多，你得到的信息就越多，再读新的文章时也会更加轻松。

根据公开的财务报表练习计算贴现现金流量比较困难，但还有其他办法。打开电脑中的电子表格（例如 Excel），练习使用 PV（计算年金现值）和 NPV（计算现金流量现值）等现值函数，看看是否可以参照本章中有关贴现现金流量的例子进行计算。然后将这一方法运用于个人财务上。如果你有车贷或房贷要还，尝试计算每月的还款额，并与实际还款额进行对比；然后制订一个分期还款计划，想一想该如何还清贷款。另外，计算一下你要支付的子女未来的大学学费，从现在开始每年需要攒多少钱，再制订一个养老金积累计划。

最重要的是，你要将所学知识运用到工作中。熟练掌握财会词汇后，你可以与同事在讨论工作时多加使用，并向财务人员提问。本书介绍了一些重要的概念，但还有很多其他教材可以帮助你拓宽和深化新的技能。认真阅读这些书！你对财务问题了解得越多，就越有能力监督公司的经营状况，更高效地使用资源并推动收入和利润增长。毕竟，这才是公司的目标。

致谢

我要感谢彼得·克努森（Peter Knutson），他在沃顿商学院开设了高管财会教育课程，并邀请刚刚当上教授的我进行授课。另外，他慷慨地分享了他多年来积累的教学资料，并不断培养我，让我在他退休后负责管理该课程。我还要感谢布莱恩·布希（Brian Bushee）、罗·韦雷基亚（Ro Verrecchia）、鲍勃·霍尔特豪森（Bob Holthausen）和克里斯·伊特纳（Chris Ittner）几位教授，他们都是优秀的教师、有能力的同事，也是高管财会教育课程多年以来的中流砥柱。最后，我想要感谢加里·斯特恩（Gary Stern）和沙农·博宁（Shannon Berning）在我撰写本书过程中给予的专业支持和督促。

附录

现金流量表的间接法

大多数企业都使用间接法来编制现金流量表，如果你想学会解读一份"真正的"现金流量表，就需要理解附录中的内容。另外，这些方法可以帮助你学会如何将利润数据转化为现金流量，这是开展贴现现金流量分析的一项重要技能。

首先，我将展示根据间接法计算出的经营活动现金流量，然后进行详解（如表附–1）。

表附–1　艾森公司现金流量表——间接法

（仅展示经营活动部分）

单位：美元

经营活动	金额
净利润	2 850
加：折旧	4 000
减：应收账款的增加	（17 000）

（续）

存货的增加	（20 000）
加：应付账款的增加	23 000
应缴税金的增加	1 900
应付职工薪酬的增加	1 000
应付利息的增加	250
经营活动产生的现金流量	（4 000）

根据这种方法计算出的经营活动现金流量与第二章中最后的例子相等，但整个报表看起来完全不同。除经验丰富的分析人士外，大多数读者都会感到很迷惑。然而，除非会计准则强制要求企业使用直接法来编制现金流量表（对此的支持者越来越多），企业仍然可以继续使用间接法。因此，你有必要了解这些调整是如何做出的。

我们首先从净利润开始，它等于收入减去费用。并不是所有科目都与现金有关，所以要将非现金部分调整出去。要计算这部分的金额，就需要用到资产负债表（更具体地说，是资产负债表的变动）。

对于利润表中的收入科目，不属于现金的收入将被计入资产负债表中资产部分的应收账款。对于艾森公司来说，当年的应收账款增加了 16 000 美元（期初金额为零），这意味着收到的现金比实际销售额少 16 000 美元，所以在将利润转化为现金之前，我们要将净利润减少 16 000 美元。其他科目也要做类似的调整。并不是所有薪酬费用都是以现金支付的，非现金部分会被计入资产负债表负债部分的应付职工薪酬科目。由于资金流出小于实际费用，所以要调增净利润。同样需要调整的科目还有尚未支付的利息费用（计入应付票据）、尚未支付的税费（计入应交税金），以及折旧费用（记作资产部分的不动产、厂房和设备科目的减少）。最复杂的是利润表上的主营业务成本。针对这一科目，我们需要做出两个调整。首先，采购数量大于销售数量，所以现金流出要高于利润表上的费用，其他条件不变。这里需要调减净利润，对应存货科目的增加；其次，不是所有的采购都以现金支付，因此需要反过来处理，即调增净利润，对应的应付账款科目增加 23 000 美元。

由于各个科目的期初余额均为零，所以所有资产和负债科目都会增加。我们可以从调整中看出，资产的增加会耗用现金，负债的增加可以产生（或节约）现金。各部分的减少则正好相反：资产减少要对应调增（取得收益），负债减少要对应调减（偿清债务）。调整财务报表时最容易被误解的一点是折旧的加回。折旧不会增加现金，该调整只是为了抵销折旧费用在计算净利润时的扣除额。如果折旧增加，在现金流量表上加回的金额就更多，但净利润也会下降，这两者永远是此消彼长的。折旧不是现金流，所以它对现金流量表的实际影响为零。